FREE YOUR CHARISMA

FLIRTEN SIE MIT DEM LEBEN UND ENTDECKEN SIE IHRE MAGNETISCHE WIRKUNG

GLÜCKS KIND

SIGRID GLEINSER

IMPRESSUM

EOD Publishing e.U
Innrain 127
6020 Innsbruck
info@eod-publishing.eu

Coverdesign: Julia Begher
Foto: Dominik Pfau

ISBN: 978-3-99143-016-2

HINWEISE

Aus Gründen der leichteren Lesbarkeit und eines einfach gehaltenen Schriftbildes schreibe ich in der männlichen Form. Ich spreche damit Menschen jeden Geschlechts an. Es liegt mir fern, die Gefühle anderer Menschen zu verletzen.

In diesem Buch lege ich *meine ganz persönliche* Meinung und These dar.

Ich lege hier keinen Wert auf wissenschaftliche Richtigkeit. Ich halte bewusst Abstand von religiösen und politischen Vereinigungen oder Thesen. Wenn ich das Wort *Gott* verwende, so spreche ich über eine positive, übermenschliche Energie, frei von religiösen Philosophien und Lehren.

Seien Sie kritisch! Prüfen Sie und entnehmen Sie, was für Sie stimmt.

Vertrauen Sie Ihrer inneren Reaktion, vor allem im Kapitel 11 Torwächter. Sie werden wissen oder fühlen, wenn Sie betroffen sind. Teils gebe ich Tipps oder Übungen weiter, die für mich hilfreich waren und sind. Diese praktischen Übungen betrachten Sie gerne als Experiment. Seien Sie offen, lassen Sie sich ein. Aus meiner Erfahrung weiß ich: Nützt die Übung nicht, so schadet sie nicht.
Wenn Sie die Übungen umsetzen möchten: Bleiben Sie dran! Ich empfehle Ihnen, sich eine Datei oder ein Notizheft anzulegen. Notieren Sie, wie sich Ihre Wahrnehmung entwickelt. Wenn Sie gerne zeichnen, machen Sie Skizzen von Ihren Bilderreisen und Ideen. So regen Sie Ihren Geist und Ihr gesamtes System an, den Fokus zu halten, Ihre Möglichkeiten mehr und mehr zu entdecken und umzusetzen. Es ist zudem sehr schön, in den Folgejahren die alten Aufzeichnungen nochmals zu lesen, die Bilder anzusehen und daran die eigene Entwicklung nachvollziehbar zu erkennen.
Selbstverständlich bin ich für Sie erreichbar, wenn Sie sich begleiten lassen möchten. Vereinbaren Sie gerne über meine Website ein kostenloses Kennenlerngespräch: www.glueckskind.co.at

Alles, das ich hier erzähle und anbiete, habe ich selbst über Jahrzehnte durchlebt, erforscht und mit über 8.000 Klienten, Kunden und Schülern erfahren und erprobt. Es funktioniert. Mit professioneller Begleitung kürzen Sie den Weg enorm ab.
Wenn Sie Psychopharmaka einnehmen oder sich psychisch instabil fühlen, so rate ich Ihnen *dringend* von Bilderreisen und Atemtechniken ab.

INHALT

I VORWORT

Das Wort Charisma hat eine lange und weite Reise hinter sich. Es durchlief eine Entwicklung von religiösen Begrifflichkeiten bis hin zur Herrschaftsform.

In der griechischen Mythologie beispielsweise wird der Begriff mit den drei Göttinnen der Anmut, den so genannten Chariten, verknüpft. Insbesondere Aglaia, eine dieser drei Grazien, steht für das Glanzvolle und Strahlende. Sie hieß auch Charis, worin die Wortwurzel zum Vorschein kommt.

Seit Jahrzehnten verbindet man den Begriff Charisma bevorzugt mit einer starken, nahezu magischen Ausstrahlung. Als charismatisch bezeichnet man eine Person, die andere inspiriert, die alle Blicke auf sich zieht, der man gebannt zuhört, die Eindruck hinterlässt und eventuell sogar als Vorbild wahrgenommen wird.

Das Konzept Charisma beinhaltet somit eine faszinierende und emotionale Kraft. Durch diese Kraft mobilisieren Menschen mit ihrer Persönlichkeit andere dazu, Veränderungen einzuleiten, Altes hinter sich zu lassen und neue Wege zu beschreiten. Diese Idee ist in vielen Erzählungen im mythologischen, historischen und religiösen Kontext wiederzufinden.

In diesem Buch definiere ich Charisma für die heutige Zeit. Ich erzähle meine Erfahrungen als Yoga-, Bewusstseins- und Intuitionstrainerin und lege dabei meine Sicht über Hindernisse am Weg zur charismatischen Persönlichkeit offen.

Die Jahre seit 2020 sind Zeiten *enormer*, schneller und großteils von der Menschheit *ungeplanter* Veränderungen. Ein Virus hat im Jahr 2020 die ganze Welt auf Standby-Modus gestellt. Seither ist vieles ganz anders und ich fühle ganz klar: Es gibt kein Zurück mehr! Zahlreiche Menschen sehnen sich nach *Normalität,* nach der guten alten Zeit. Dieses Phänomen wiederholt sich im Lauf der Geschichte. Ich frage mich: Wie gut war die alte Zeit wirklich? Meine Sehnsucht geht nie in die Vergangenheit, denn diese ist vorbei. Ich liebe die Zukunft und gestalte diese auf allen Ebenen mit: In Gedanken, Worten und Tagen.

Stellen wir uns die Frage: Was möchte ich verbessern? Was verändere ich aktiv? Dadurch wird unser gesamtes System, allen voran unser Gehirn trainiert. Überraschende Veränderungen werfen uns dann nicht komplett aus der Laufbahn, wir sind elastischer (geistig und körperlich!) und können Situationen wie einem Lockdown viel Gutes abgewinnen. Der freudvolle, gespannte Blick in die Zukunft verändert das Lebensgefühl.

Ich sehe in dieser ungeplanten Veränderung, speziell in den Lockdown-Phasen, die große Chance! Konkret meine ich damit die Möglichkeit, sich seiner aktuellen Werte und Qualitäten bewusst zu werden, seine Lebensinhalte und seine Persönlichkeit aus heutiger Sicht zu prüfen. Es geht darum, schlichtweg alles Unnötige *auszusortieren* – vom Kleiderschrank bis zum Keller, von der Gedankenwelt bis zum Tag-Nacht-Rhythmus, vom eigenen Verhalten bis zum Bekanntenkreis. Es ist an der Zeit, alles in Stimmigkeit zu bringen und zu ändern!

Es existieren zwei Wörter, die aus genau denselben Buchstaben bestehen. Lediglich die Reihenfolge ist eine andere. Diese beiden Begriffe stellen Pole dar: **Reaktion** und **Kreation.**

Meine Überzeugung ist: Wir sind geboren, um zu kreieren. Das vergessen wir, weil so viel anderes zu *erledigen* ist. Und so geschieht es: Wir reagieren automatisiert bzw. unbewusst.

Der Begriff *Lebensflirt* steht in meiner Sprachwelt für eine spielerische Herangehensweise. Wie wäre es, neugierig und ohne Kampf etwas Neues auszuprobieren, respektive sich selbst in eine freundliche, gütige, liebevolle, fröhliche Gedanken-, Verhaltens- und Gefühlswelt zu begeben? Wie viel Energie würde das jeder Person schenken?

In jedem von uns steckt eine charismatische Persönlichkeit. Viele lassen diese nicht heraus. Ich sehe, dass Menschen ihr Licht unter den Scheffel stellen.

Meine Botschaft ist:

> *Entdecken wir unsere inneren Stärken und Schätze.*
>
> *Leben wir unsere Vollversion. Entfalten und leben wir unser Charisma!*

KAPITEL 1: DER KOLLEKTIVE KONTROLLVERLUST: SOCIAL DISTANCING UND VULNERABILITY

2020 geschah das Unvorstellbare: Wir Menschen hatten die Kontrolle über unsere täglichen Abläufe vollends verloren. Wir waren in unseren Wohnräumen eingesperrt – allein, zu zweit, mit unseren Familien. Die Geschäfte waren geschlossen, die öffentlichen Räume und Begegnungszonen (Schulen, Straßen, Parks) waren leer, es gab keine kulturellen Veranstaltungen, die öffentlichen Verkehrsmittel fuhren nicht mehr – wozu auch? Eine früher so selbstverständliche Untersuchung beim Arzt wurde unmöglich, sobald auch nur ein Hinweis auf eine mögliche Covid-19-Infektion vorlag.

Eines der Schlagwörter während der Lockdown-Phasen in den Jahren 2020/21 war *social distancing.*

Für mich als Yoga-, Bewusstseins- und Intuitionstrainerin geschah das Gegenteil: *social connecting*. Ich erlebte in über 130 Online-Meetings mit zahlreichen europäischen Unternehmern Öffnung, Unterstützung, *Großzügigkeit, Mitgefühl* und *Geberbereitschaft*.

Der Kontrollverlust machte die Menschen verletzlich. Die Jahre zuvor war einiges zum Thema *vulnerability* (Verletzlichkeit) geschrieben und unterrichtet worden. Nun erfuhren viele, was es heißt, verletzlich zu sein.

Seit 2003 gebe ich anatomisch basierten Yoga-Unterricht. Aus diesen Jahrzehnten mit über 8.000 Schülern wusste ich konkret, wie viele Wochen, Monate oder Jahre vergehen, bis dieser oder jener Fortschritt bei einem Schüler erreicht wird.

Dieses Wissen über die Fortschritts-Zeiträume wurde nach 17 Jahren Präsenzunterricht in der Online-Welt *auf den Kopf gestellt*. Ich fühlte mich ab der

Umstellung auf Online-Unterricht wie auf einer Reise mit der Zeitmaschine. Dieselben messbaren und sichtbaren Fortschritte, die meine Yoga-Schüler zuvor – im offline Modus – in *vier bis fünf Monaten* erreicht hatten, geschahen in der Online-Welt innerhalb von *5 Wochen*! So gravierende Neuerungen bzw. Veränderungen beschäftigen mich. Ich musste dieser Sache auf den Grund gehen. Ergo stellte ich mir, meinen Netzwerkkollegen und meinen Kunden Fragen, um die Ursachen für diese rasante Entwicklung zu erforschen.

Das Ergebnis meiner Umfragen:

1. Konzentration auf sich selbst:

In den ersten Wochen und Monaten des analogen Gruppenyoga-Unterrichts (also in der physischen Begegnung) ist es für einen Großteil der Schüler sehr schwierig, die Konzentration bei sich selbst zu halten und die Sinne zurückzuziehen. Die Wahrnehmungen in und um einen Raum sind vielzählig und lenken ab: Geräusche, Gerüche, Bewegungen mehrerer Personen in unterschiedlichem Tempo und unterschiedlichem Beweglichkeitsradius. Speziell bei Balanceübungen war es im Offline-Modus so gewesen, dass alle um die Balance zu kämpfen begannen, wenn nur eine Person im Raum wackelte.

Bei meinen Online-Gruppenkursen stellen meine Schüler ihre Bildschirmansicht so ein, dass sie nur *zwei* Personen sehen: Sich selbst und mich. Online herrscht Stille – man hört lediglich die Anleitungen der Lehrperson. Man ist keiner fremden Geruchswelt ausgeliefert. Nahezu alle Fremdeinflüsse und Eindrücke fallen weg. Man sieht sich selbst auf dem Bildschirm (Spiegelfunktion), was eine sofortige Haltungskorrektur ermöglicht. Man bleibt voll konzentriert.

2. Werte:

Im Lockdown veränderte sich die Wertewelt. Das Nähren der eigenen Innenwelt, das Entwickeln von Lockerheit, Mitgefühl und Gelassenheit wurde vorrangig – vor allem mit der Absicht, ein friedvolles Familienleben zu gewährleisten.

3. Das Fallen von Masken und Rollen:

Bei Online-Meetings, die man nun in den eigenen Wohnräumen durchführen musste, war ein Einblick ins Privatleben nicht zu vermeiden. Durch die Mischung von Home-Schooling, Home-Office und dem täglichen privaten Leben waren die Masken und Rollen nicht mehr aufrechtzuerhalten. Kinder liefen während eines Meetings ins Bild, man kleidete sich überwiegend leger (Jogginghose mit Bluse u.ä.). Das früher so perfekte Styling und das Make-Up wurden zweitrangig.

4. Technik und Ausrüstung:

Kaum jemand hatte eine professionelle Ausrüstung für Online-Meetings im vollen Umfang zur Hand. Bei der nötigen Hardware (Kameras, Headsets) gab es Lieferprobleme, mit der Software kannte sich kaum jemand aus. Die EDV-Branche war überlastet.
Ein weiterer Aspekt war das instabile Internet. Niemand konnte eine klare Verbindung in Online-Meetings gewährleisten, zumal die Anbieter nicht durchgehend liefern konnten. Der Fachhandel war geschlossen, der Kauf eines W-LAN Anschlusses mit höherer Übertragungsgeschwindigkeit ähnelte einer Mount-Everest-Besteigung.

5. Verletzlichkeit macht sympathisch:

Unterm Strich waren sich die Befragten einig: Wir sitzen alle im selben Boot. Man gehe in der Online-Welt, gerade in Video-Calls, weicher, ehrlicher und mitfühlender miteinander um.

Durch die Einblicke in das private Umfeld fand man Gemeinsamkeiten. Oft zeigten sich ehemals sehr strenge Personen verletzlich und wurden dadurch sympathischer. Der Begriff *vulnerability* – Verletzlichkeit – brauchte keine Schulung mehr: Er wurde plötzlich gelebt, weil man zum Nachgeben und zum Aufgeben seiner Masken gezwungen war. Jede Person wurde in einem tieferen Sinn *berührbar*.

Mein Fazit:

Die räumliche Trennung hat uns ehrlicher und mitfühlender gemacht, uns geöffnet und einander nähergebracht. Genau diese Art von Offenheit bietet eine gute Ausgangsbasis, sich dem Thema Charisma zu nähern.

KAPITEL 2: CHARISMA HEUTE

Charisma kommt aus Ihrem Inneren. Es entspringt aus Ihrem Denken über das Leben und die Menschen, über diese Welt und über Sie selbst. Darauf fußt Ihr Grundlebensgefühl, Ihr Muskeltonus, Ihre Körperchemie und Ihr Handeln. Ihre Innenwelt ist das Fundament für Ihre Ausstrahlung!

Früher

Betrachten wir in einer kritischen Rückschau die letzten 70 Jahre: Wie haben sich einige der als charismatisch bezeichneten Persönlichkeiten benommen? Sofort werden Ihnen Namen und Gesichter einfallen. Denken wir bloß an Politik, Religion (Sekten), Pyramidensysteme oder Großkonzerne, die aus Kinderarbeit ihren Gewinn ziehen.

Ich sehe bei dieser Rückschau häufig Manipulation und Machtmissbrauch. Natürlich schere ich nicht alle über einen Kamm.

Heute

Nach meiner Meinung hat es der manipulative, machtbesessene Menschenschlag mittlerweile nicht mehr so leicht. Ein beträchtlicher Teil der Menschheit ist wahrnehmender und empfindsamer geworden. Man lässt sich nicht mehr so leicht einseifen, durch Angstprogramme steuern oder blenden.

Das Thema Charisma beschäftigt mich seit meinen Teenager-Jahren. Bei mir entwickelte sich die Definition des Wortes aufgrund von menschlichen Eigenschaften, die mich inspirierten. Sie trieben mich an, mich zu verändern und zu entwickeln. Es hatte also seit jeher mit *Vorbildhaftigkeit* zu tun, ob mir jemand als *charismatisch* erschien oder nicht. Meine Vorbilder und Inspiratoren hatten und haben eines gemeinsam: Sie sind *ehrliche* und *gütige*, schlichtweg *gute* Menschen.

Je nachdem, wie Ihr aktuelles Charakterbild, verbunden mit Ihrem Leben und Ziel, aussieht, wird Sie etwas anderes inspirieren. Um Ihre eigene Charisma-Definition zu finden, nutzen Sie den Fragebogen aus Kapitel 8.

Charisma wird für mich durch gewisse Eigenschaften, Fähigkeiten und Indikatoren begründet. Es handelt sich also um ein harmonisches Zusammenspiel mehrerer positiver Qualitäten.

Charisma ist unabhängig vom äußeren Erscheinungsbild

Natürlich wird sich die Wirkung eines Menschen durch ein verändertes, stimmig *gestyltes* Erscheinungsbild verändern. Gleichzeitig bin ich davon überzeugt:

> *Charisma kann weder herbeigezaubert, noch versteckt werden.*

Seien Sie versichert: Wenn Sie Ihr Charisma entfaltet haben, können Sie quasi im Kartoffelsack auftreten – ungeschminkt, barfuß, unfrisiert und sogar in einer angeschlagenen Stimmung – Charisma scheint immer durch. Charismatische Menschen hinterlassen Eindruck: sie berühren, sie inspirieren, sie werfen neue Fragen auf. Zudem hat sich der Modebegriff grundlegend verändert. Jeans und Jogginghosen, respektive der Freizeit-Look, wurden salonfähig und sogar hip.

Meine Behauptung, dass das äußere Erscheinungsbild wenig bis keinen Einfluss auf Charisma hat, wird eventuell Zweifel und Widerstände aufwerfen. Prüfen Sie meine Behauptungen auf deren Wahrheitsgehalt. Definieren Sie, was Charisma für Sie bedeutet.

Selbstverständlich kann man durch typgerechtes Auftreten (Farben, Schnitte, Frisur etc.) eine stärkere Wirkung erzeugen. In diesem Kapitel möchte ich klarlegen, dass es *nicht* möglich ist, Charisma zu *verstecken*.

Hier eine Liste der Dinge, die meines Erachtens keinen oder nur geringen Einfluss auf Ihr Charisma haben:

- Gesichtszüge
- Statur bzw. Figur
- Körpergröße
- Der Körper generell (Beeinträchtigungen oder die Figur können Charisma nicht verhindern – umgekehrt kann ein Modelkörper kein Charisma herzaubern)
- Kleidung und Farben
- Make-Up
- Frisur, Haare, Glatze

KAPITEL 3: MEINE THESE ÜBER DIE NATUR DES MENSCHEN

Ich behaupte:

> *Jeder Mensch wird als Geber und als Liebender geboren. Jeder Mensch hat Charisma.*

Und dann passiert das Leben. Wir werden verletzt. Wir fühlen uns alleingelassen, angegriffen, zurückgewiesen, denunziert, blamiert und es mangelt uns an Selbstwert. Aus diesen Wunden entwickeln wir – zu einem beträchtlichen Teil bereits vor unserem 7. Geburtstag – Verhaltensmuster, Schutz- und Abwehrmechanismen, Tricks und Schlicke, Masken und Rollen im Familienkontext und sozialen Gefüge.

Doch bedenken wir: Wir hatten in den ersten Lebensjahren kaum die Möglichkeit, unser Verhalten zu *prüfen*. Wir handelten einfach drauf los. Was funktionierte, wurde wiederholt. Auch spätere Ereignisse prägten uns und machten uns zu der Person, die wir heute sind.

Durch das Wiederholen von reaktiven Abwehrmechanismen, Schutzmustern, Schlichen und Masken wurden diese zu einem Teil unseres *Charakters*. Ein Charakterbild bewegt sich in Spannungsfeldern. Noch ist mir keine Person ohne Schwächen oder negative Charakterzüge begegnet. Und diese Schwächen oder negativen Charakterzüge gehören für mich zum menschlichen Gesamtbild. Ecken und Kanten hat wohl jeder – die Frage ist auch hier: Wie denke ich selbst darüber? Möchte ich an mir arbeiten, mich entwickeln?

Wer allerdings nicht authentisch handelt, oder ein aufgehübschtes, verklärtes Selbstbild in sich trägt, wird mit hoher Wahrscheinlichkeit überempfindlich auf Kritik reagieren. Auch wenn bei der Kritik betont wird, dass man die Person schätzt. Wie reagieren unbewusste Menschen häufig auf Kritik? Mit Rechtfertigungen, Erklärungen und oft sogar Ausreden. Man könnte als

Reaktion auf eine Kritik auch entgegnen: *Ja, ich weiß, da schwächle ich.* Oder *Aha – danke für den Hinweis.* Einfach mal darüber schlafen und in sich gehen, um dann zu entscheiden, ob man daran arbeiten möchte, ob man sich weiterentwickeln möchte.

Die Klassiker an Rechtfertigungen sind: Vererbung, Verletzungen, wiederholte negative Erfahrungen, die äußeren Umstände. Die Krönung stellt dann die Ausrede auf die politischen Umstände dar. Blicken wir über die Jahrhunderte zurück, blicken wir aktuell zu Staaten, die diktatorisch regiert werden, zu Kriegsregionen: Selbst unter den gewalttätigsten Herrscherhäusern, selbst in Krieg, Leid und Not wurden und werden *nicht alle* zu unangenehmen, negativen Persönlichkeiten! Es gab und gibt selbst unter widrigsten Umständen liebevolle, großzügige und helfende Menschen mit einer positiven Ausstrahlung.

Der Charakter – unser übliches Verhalten – zeichnet sich in unseren Botenstoffen und in unseren Synapsen ab. Wenn ein Muster wiederholt wird, entsteht ein biochemischer Automatismus.

Die gute Nachricht: Das menschliche Verhalten, jede eingefahrene, automatische Reaktion kann erkannt, unterbrochen und umgestellt, sprich „neu programmiert" werden. Seit langem ist bekannt: Das Gehirn verfügt über Neuroplastizität! Warum nutzen wir diese Erkenntnis nicht für unsere Entwicklung? Nun – ganz einfach: Erwachsene sind meist zu beschäftigt, um sich bewusst die Frage zu stellen: Möchte ich so sein, wie ich bin? Wer und wie könnte ich sein? Wer und wie möchte ich denken, fühlen und handeln?

Aus der Perspektive der Biochemie ist das gewohnte Verhalten bzw. der Charakter unsere hartnäckigste *Sucht.* Das Gehirn und der Körper benötigen Zeit, um die Botenstoffe, Neurotransmitter und Hormone sozusagen *neu zu mischen.* Es dauert, bis wir auf einen Auslöser nicht mit demselben Gedanken-Gefühls-Verhaltens-Rad reagieren. Es ist eine Übungssache. *Wiederholung* ist also Ihr Zauberwort. Das heißt also: *Dranbleiben*!

Es geht nicht um die Anderen. Es geht um Sie!

Als Erwachsene haben wir die Möglichkeit, unseren Charakter zu verändern und unser Charisma zu entwickeln.

Wir interagieren ständig mit anderen Personen.

Sie haben sich gewiss schon des Öfteren im Nachhinein gedacht: *Ich wünschte, ich hätte anders reagiert.* Ob ein Verhaltensmuster, eine Reaktion für Sie noch stimmig ist, erkennen Sie am besten an Ihrem Körpergefühl. Immer, wenn sich eine Art von Enge, Anspannung, Bedrängnis, Fluchtbedürfnis oder Verkürzung Ihrer Atemzüge einstellt, fühlen Sie sich im tiefsten Inneren nicht mehr wohl mit Ihrem Verhalten bzw. mit Ihrer Reaktion. Genau dies ist ein auslösender Moment für persönliche Weiterentwicklung in Richtung Charisma! Es nützt auf Dauer nichts, im Nachhinein zu denken: *Ach hätte ich bloß ..., ich wünschte ich wäre ...* . Dieses nachträgliche Erkennen *Das-hätte-ich-besser-machen-können* macht Sinn, wenn Sie es als Kick-Off für Ihre erwünschte Veränderung nutzen!

Ich habe vor langem für mich entschieden: Ich packe den Stier bei den Hörnern! Ich probiere mich in neuen Verhaltensweisen aus. Ich stürze die Rollen, die ich in meinen Systemen (in der Familie, im Freundeskreis, in Netzwerken, im Business) übernommen habe und definiere mich neu. So begann ich, mit meinen Möglichkeiten zu experimentieren und zu spielen.

Seither flirte ich mit dem Leben und den noch unentdeckten Teilen meines Ichs.

Es verblüfft und erfreut mich immer wieder, wie viele Tore sich öffnen.

Das Leben ist ein Spiel.

KAPITEL 4: MEIN EBENEN-MODELL IN DER PERSÖNLICHKEITS-ENTWICKLUNG

Der erste und wesentliche Grundsatz zum Thema Energie lautet:

> *Die Energie folgt der Aufmerksamkeit.*

Der Energiefluss und der Fokus sind wesentlich für die Stärkung der Persönlichkeit und des *charismatischen Ichs*. Für mich gilt in diesem Zusammenhang:

1. Jede Ebene des menschlichen Daseins ist *gleichwertig*.

1. Jede Ebene wirkt *in Echtzeit* in die anderen Ebenen hinein. Sie verursacht eine Reaktion, eine Veränderung, wie bei einem Schweizer Uhrwerk. Das ist magisch!

1. Die logische Folge lautet für mich: Wir haben die *Wahl*, auf welcher Ebene wir üben.

1. Auf allen Ebenen zielgerichtet zu üben – also wiederholt auf jeder Ebene einen neuen und zielgerichteten Impuls zu geben – ist die Superkraft!

Als Ebenen in meinem Modell definiere ich:

- die Mentalkraft (Geist bzw. Gedanken)
- die Atmung (bewusste Atmung, Atemtechniken)
- den Körper (Körperhaltung und Körpergefühl)

Sie selbst wissen am besten, welche Ebene Sie mögen, was Sie spannend finden oder wo Sie sich leichttun. Mein Ebenen-Modell dient Ihnen dazu, sich selbst besser kennenzulernen, sich auf eine neue Weise zu erfahren und auf dem Weg zu einem *charismatischen Ich* mehr Klarheit für sich und Ihr Umfeld zu schaffen. Seien Sie sich bewusst: Es wirkt *jede neue Aktivität* in Ihrem *gesamten* System – in *Echtzeit!*

Das bedeutet:

- Mentale Übungen verändern Körpergefühl und Atmung.
- Atemtechniken beeinflussen Geistestätigkeiten und Körpergefühl.
- Körperübungen verändern Atmung und Gedankenwelt.
- Alle Ebenen wirken auf die verfügbare Energie und die Stimmung.

Veränderung bedeutet:

1. Neu denken
2. Neu fühlen
3. Neu handeln

Um also ein stärkeres Bewusstsein für unser Denken, Handeln und Fühlen zu schaffen und Veränderungen zu induzieren, bedienen wir uns Übungen, die auf den drei genannten Ebenen wirken. Das Zusammenspiel dieser Ebenen hat sich bei meinen 8.000 Klienten als sehr wirkungsvoll herausgestellt. Viele, die sich von mir begleiten ließen, bezeichneten dieses Zusammenwirken der Ebenen sogar als *Superkraft*. Bevor ich Ihnen aber das Modell genauer erkläre und Übungen dazu gebe, bitte ich Sie, ein paar Fragen zu beantworten.

Selbsttest:

Welche Ebene können Sie am schnellsten und am stärksten wahrnehmen:

- Sind Ihnen Ihre wiederholten, festgefahrenen Gedanken bewusst? Hören Sie Ihre Gedanken, während diese unkontrolliert vor sich hin *plappern*? Oder: Denken Sie gerne etwas Neues? Mögen Sie Affirmationen, mentales Training und Bilderreisen? Nutzen Sie gerne Ihre Vorstellungskraft?

- Fühlen Sie unmittelbar, wenn Ihr *Körper* sich anspannt? Oder: Reagieren Sie besonders positiv auf körperliche Betätigung?

- Bemerken Sie rasch, wenn Ihr *Atem* sich ungewollt verändert? Oder: Atmen Sie bewusst tiefer durch, um sich zu sammeln oder zu konzentrieren?

- Bemerken Sie, *während* Sie handeln, dass Sie sich nicht wohlfühlen? Oder: Überraschen Sie gerne Ihr Umfeld mit unerwarteten Reaktionen bzw. Handlungen?

- Registrieren Sie im *Nachhinein*, dass etwas für Sie nicht stimmig war? Oder: Machen Sie bereits ein tägliches Clearing und bereinigen Sie Unstimmigkeiten so schnell wie möglich?

Persönlichkeitsentwicklung beginnt durch bewusste Unzufriedenheit über das eigene Verhalten, wie schon in Kapitel 3 beschrieben. Man erkennt im Nachhinein, dass man sich nicht wohlgefühlt hat. Man ist mit sich selbst nicht zufrieden und denkt Dinge wie: *H*ätte ich doch … . Hierüber erzähle ich auch in Kapitel 10 Punkt 15.

1997 lernte ich das abendliche *Clearing,* worauf ich später genauer eingehe. Durch das Trainieren der Tagesrückschau und -klärung kam ich zu der Entscheidung, mein Verhalten zu verändern. Ich wollte tagsüber so handeln, dass ich abends meinen Frieden mit dem Tag, mit mir und meinem Umfeld hatte oder schneller erreichen konnte. In meinem Fall war es die Ebene des Handelns, auf der es mir am ehesten möglich erschien, mich zu verändern. Die verselbstständigten Gedanken zu hören und zu verändern, fiel mir zu Beginn meiner Entwicklung sehr schwer. An einem Glaubenssatz habe ich mehrere Monate gearbeitet. Das hat zwar funktioniert – jedoch stellte ich durch dieses intensive Üben auf der gedanklichen Ebene fest, dass es für mich praktikabler und vor allem effizienter ist, mein *Verhalten* umzustellen. Ich probierte also auf dieser Ebene etwas Neues und übte so lange, bis es für mich stimmig war.

Die Verbindung der Ebenen ist Ihre Superkraft!

Falls Sie dabei gerne Begleitung hätten, stehe ich Ihnen zur Verfügung. Ich zeige Ihnen, wie Sie Ihre Zielerreichung auf jeder Ebene fördern und beschleunigen – im Rahmen von Gruppenkursen oder Einzelcoachings. Stellen Sie sich diese Kraft vor, wenn Sie auf jeder Ebene einen neuen zielgerichteten Impuls geben! Ihr Gehirn wird ganz anders feuern als davor. Durch meine Begleitung erleben Sie eine Transformation.

Wesentlich ist: Wo ist Ihr Bewusstsein? Halten Sie den Fokus?

Wie Sie selbst Ihre Transformation beginnen können, erfahren Sie nachstehend. Ich gebe Ihnen Grundlegendes zu bewährten Techniken an die Hand und Sie erhalten wertvolle Tipps und Anregungen.

Blitztipp in unangenehmen Situationen: Die Lücke

Wenn Sie sich in einer Situation nicht wohlfühlen, probieren Sie diese Technik aus: Schaffen Sie eine Lücke.

1. Sagen Sie innerlich *Stopp*!

2. Atmen Sie mehrmals tief durch.

3. Entspannen Sie sich muskulär an vier Checkpunkten: Kiefer, Schultern, Bauch, Gesäß.

Allein schon diese wenigen Sekunden der Unterbrechung verwirren Ihr System. Sie stoppen den Automatismus bzw. die vermeintliche Fernsteuerung.

In dieser Lücke, in diesem Moment können Sie sich Klarheit verschaffen, was Sie nun tun möchten.

Neu denken:

Die Schleife unseres automatisierten Verhaltens beginnt bei unseren unbewussten Glaubenssätzen – also auf der Gedankenebene. Im menschlichen Gehirn laufen in etwa 70.000 Gedanken am Tag ab. 70.000! Allein diese Zahl ist beachtlich, sie wirkt geradezu überwältigend. Erschreckend bzw. erschütternd ist jedoch der immense Anteil an negativen Gedanken: Es sind im Schnitt 80%! Der blanke Wahnsinn. Die wenigsten dieser Gedanken sind Absicht. Sie laufen einfach so ab, man bemerkt sie gar nicht mehr. Es ist wie, wenn eine leise Stimme ständig hinter den Kulissen schwatzt.

Die Gedanken zu ändern, funktioniert, doch ist es für viele Menschen ein mühseliger Weg.

Wenn jemand auf der Gedankenebene beginnen möchte, so empfehle ich, sich den einen negativsten oder destruktivsten Glaubenssatz herauszupicken – den, den man am häufigsten denkt oder gar wiederholt ausspricht, ohne es noch zu bemerken. Es handelt sich meist um einen verurteilenden Gedanken über sich selbst, über eine Personengruppe oder eine bestimmte Person, über das Leben oder über ein Thema. Diese alten, eingefahrenen Gedanken wollen uns die eine *Wahrheit* über etwas oder jemanden einreden, die tatsächlich aber nicht oder nicht mehr wahr ist.

- Das Leben ist …
- Männer sind …
- Frauen sind …
- Lehrer sind …

Ich erzähle Ihnen dafür ein Beispiel aus meinen Anfängen, als ich mich mit Mentaltraining und Persönlichkeitsentwicklung zu befassen begann:

Kinder haben mich früher unglaublich gestresst, weil sie nicht einfach aufs Wort folgen wie ein geschulter Hund. Ich kontrollierte ja gerne, was rund um mich geschah. Kinder und Kontrolle – diese Kombination bringt mich heute herzlich zum Lachen.

Ich versuchte also den Kontakt zu Kindern zu vermeiden. Irgendwann klappte das nicht mehr, schließlich wurde ich mehrfache Tante und auch im Freundeskreis gab es Familienzuwachs. Als ich die Verkettung von negativen Gedanken mit dem Lebensgefühl und dem Energiefluss erkannte, beschloss ich also, bei diesem Thema zu starten. Ich nahm meinen Kinder-Kernglaubenssatz zur Brust. Er lautete: *Kinder sind anstrengend.* Es war ein kleiner Kraftakt, einen positiven Satz über Kinder zu formulieren, doch nach mehreren Anläufen fand ich eine schöne Aussage: *Kinder erfrischen und bereichern mein Leben.* Zwar konnte ich diesen Satz noch nicht ganz glauben, doch je öfter ich ihn dachte und auch laut aussprach, umso besser fühlte ich mich. Ich kombinierte also die neue Betrachtungsweise mit der Übung des mentalen Vorauserlebens, was mir wesentlich leichter fiel. Denn Imaginationskraft wurde mir in die Wiege gelegt. Genau wie Ihnen!

Ich ging also durch meine Wohnung, hatte meinen optimalen Film meines neuen Umgangs mit Kindern im Kopf, und sprach und sang in unterschiedlichsten Betonungen den neuen Satz: *Kinder erfrischen und bereichern mein Leben.* Vor dem Einschlafen waren dies die letzten Worte, die ich bewusst dachte. Über die Zeit begegnete ich Kindern mit einem angenehmen Selbstgefühl, ich wurde wahrnehmender und ließ mich auf die Kleinen ein. Tatsächlich bewahrheitete sich mein neu kreierter Glaubenssatz, dass Kinder mein Leben erfrischen und bereichern. Es hat etwas gedauert, doch es hat geklappt! Hand aufs Herz: Nicht immer. Doch immer besser.

Eine der Schwierigkeiten an neuen Gedanken ist der *Unglaube.* Wenn Sie einen negativen Kernglaubenssatz ins Gegenteil kehren, klingt der neue Satz zunächst einmal einfach nicht glaubwürdig für Sie.

Diese Hürde habe ich überwunden, indem ich mir mein *neues Ich* vorgestellt habe. Ich habe mich in die Zukunft versetzt – als würde ich diesen neuen Gedanken schon integriert haben und mich dementsprechend benehmen. Auf diese Weise wurde es etwas leichter für mich, den neuen Glaubenssatz zu installieren.

Für mich persönlich bleibt unterm Strich das neue *Handeln* der leichteste, effizienteste und effektivste Weg.

Neu handeln:

Mein Erlebnis mit dem Kinder-Glaubenssatz bereitete mir so große Freude, dass ich den nächsten destruktiven Glaubenssatz umwandeln wollte. Bei diesem handelte es sich um ein unschönes Urteil über mich selbst. Dies gestaltete sich wesentlich hartnäckiger, und so entschied ich mich, auf der Ebene des

Handelns zu üben. Also beschloss ich, so zu handeln, dass ich im Nachhinein mit mir zufrieden sein würde.

Ich wendete auch hier wieder das mentale Vorauserleben an. Imaginär probierte ich unterschiedliche Verhaltensweisen aus, bis ich eine fand, mit der ich mich wohlfühlte. Diese dann im realen Leben umzusetzen, fiel mir überraschenderweise *wesentlich* leichter als gedacht. Da mein Fokus auf diesem einen reaktiven Verhalten lag, gelang es mir binnen vier Wochen, mein Muster zu durchbrechen und neu zu handeln. Ich war sehr zufrieden mit mir, ja ich hatte sogar große Freude an meinem neuen Handeln! Durch diese Zufriedenheit veränderte sich mein Glaubenssatz, die Selbstverurteilung löste sich auf, mein Selbstwert wurde größer.

In Kapitel 9 schreibe ich über die *Unsicherheit*, die bei Veränderungen auftreten kann und wird. Halten Sie trotz eines möglichen Gefühls von Instabilität durch, es lohnt sich!

Neu fühlen:

Das Fühlen ist die Folge der Gedanken. Es befindet sich also in der goldenen Mitte der Verhaltenskette, eingebettet zwischen Denken und Handeln. Nach dem Handeln kommt es zum zweiten Mal zum Tragen.

Das eigene Gefühl überhaupt zu realisieren, wird durch zwei Umstände erschwert:

- Erstens durch die Geschwindigkeit, in der reaktive Verhaltensmuster ablaufen.

- Zweitens dadurch, dass kaum ein Mensch erlernt hat, sich selbst und sein Gefühl bewusst wahrzunehmen. Selbst wenn wir im Nachhinein eine unangenehme Situation analysieren, kann es uns sehr schwerfallen, unser Gefühl während der Situation zu beschreiben. Auch das Gefühl, das uns direkt *vor* dem Handeln bzw. vor unserer Reaktion bewegte, kann oft nicht gleich klar gefasst werden.

Selbstverständlich kann auf der Gefühlsebene angesetzt werden. Wenn Sie in der Lage sind, Ihr Gefühl während einer Interaktion mit anderen Personen zu erkennen, so können Sie sich auch entscheiden, es sofort zu verändern, somit Ihr reaktives Verhalten zu verändern, und durch Wiederholung von Gefühlen und Handeln wird sich der gekoppelte Glaubenssatz umwandeln.

Wie verändert man das Fühlen?

Sie haben, wie bereits erklärt, die freie Wahl, welche Methode auf welcher Ebene Sie anwenden. Hier erhalten Sie noch weitere Ideen zum Verändern des Gefühls:

- Muskuläre Entspannung mit Checkpunkten: Entspannen Sie Kiefer- bzw. Kaumuskulatur, Schultern, Bauch, Gesäß.

- Was immer hilfreich ist, ist die Bauchatmung:
  Entspannen Sie einfach Ihre Bauchmuskulatur und den Unterleib.
  Einatmen - größerer Bauch, Ausatmen - kleinerer Bauch.
  Steuern Sie dabei die Bauchmuskeln nicht aktiv an. Die Bauchbewegung ist ein natürlicher Vorgang: größerer Bauch beim Einatmen, weil das Zwerchfell sich nach unten bewegt und die inneren Organe mehr Raum fordern.

- Atemmeditation (Kombination aller Ebenen, Sie brauchen hier sowohl den Körper, als auch den Geist und die bewusste Atemlenkung): Beim Einatmen denken Sie: *Ich atme Gelassenheit ein.* Beim Ausatmen denken Sie: *Gelassenheit durchströmt mich.* Sie wiederholen dies, bis Sie fühlen, dass Sie gelassen sind. Den Begriff *Gelassenheit* können Sie selbstverständlich durch jede andere positive Qualität ersetzen (Respekt, Würde, Ruhe …).

- Körperebene: Sie nehmen eine andere Körperhaltung ein. Eine gute Körperhaltung, um sich frei zu machen, ist eine entspannte Aufrichtung. Kurz den Körper auflockern, dann das Brustbein hoch, die Schultern tief und die Checkpunkte muskulär entspannen: Gesicht, Schultern, Bauch, Gesäß.

- Mentale Ebene: Atmen Sie tief durch. Begeben Sie sich mental an einen Ort, an dem Sie sich binnen Sekunden gelassen fühlen, an dem Sie sich sehr leicht entspannen können. Fühlen Sie in sich hinein. Tanken Sie das Gefühl auf, das Sie jetzt haben möchten. Sprechen Sie dieses Wort innerlich, während Sie diesen Ort betrachten.

- Körperebene: Ich habe ein Zaubermittel – nämlich *Wasser*! So banal es klingen mag – mir hilft ein Glas Wasser *immer*! Besser wäre natürlich eine Dusche oder ein Kopfsprung ins kühle Nass, doch auch das Trinken von Wasser verändert sofort die Energie. Ebenso wirkt es sich sehr positiv aus, die Handgelenke oder die Füße unter fließendes Wasser zu halten. Auch das Gesicht mit Wasser zu benetzen, verspricht einen wunderbaren Effekt.

Tipp: Kombinierte Übung:

- Sagen Sie Stopp. Schaffen Sie eine Lücke.
  Siehe Kapitel 4 Blitztipp Die Lücke

- Schließen Sie Ihre Augen. Spüren Sie sich, fühlen Sie alles, das jetzt da ist. Erlauben Sie sich diese Empfindungen und beobachten Sie diese. Sie werden sich verändern, wenn Sie nichts damit machen. Atmen Sie. Tief. Tiefer. Nochmals. Bis es in Ihrem Inneren ruhiger wird.

- Treten Sie aus Ihrem denkenden Ich heraus. Dehnen Sie sich energetisch weit über den Körper hinaus aus. Sie können das!

- Nehmen Sie nun eine erhöhte Perspektive ein, Sie haben jetzt den Blick von oben. Den Überblick.

- Nun sind Sie der Beobachter.

- Sie werden zum Regisseur.

- Sie stellen sich die Frage: *Wie möchte ich mich jetzt eigentlich fühlen, welche innere Haltung tut mir jetzt gut?*

- Tipp: Zu Beginn empfehle ich Ihnen, hier die innere Haltung der *Gelassenheit*, den *kühlen Kopf* anzustreben.

- Nehmen Sie die neue innere Haltung ein. Inhalieren Sie diese Qualität förmlich.

- Atemmeditation: Beim Einatmen denken Sie: *Ich atme Gelassenheit ein.* Beim Ausatmen denken Sie: *Gelassenheit durchströmt mich.*

- Alternativ verwenden Sie eine Affirmation (z.B. *Ich bin und bleibe in meiner Mitte.*)

Wichtig zu wissen:

Ihr System kennt keinen Unterschied zwischen Ihnen und den anderen, zwischen gedachter und tatsächlicher Realität. Ihr Gehirn reagiert immer auf Ihre Gedanken. Das bedeutet: Jeder Gedanke wirkt sich biochemisch und energetisch aus! Ob Sie über sich selbst, über andere Menschen, über irgendwelche Umstände und Themen oder über das Leben negativ denken, ist Ihrem System vollkommen gleichgültig. Halten Sie sich nochmals die 70.000 Gedanken pro Tag vor Augen. Sie haben viel Auswirkung auf Ihr Leben und bei 80% negativen Gedanken trägt man reichlich negative Folgen aus.

Ihre Botenstoffe folgen Ihren Gedanken, dementsprechend fühlen Sie sich. Die Krux ist: Diese Kette läuft in Sekundenschnelle ab, sodass es nicht verwunderlich ist, wenn man abends vollkommen erschöpft ist. Negative Gedanken verursachen muskuläre und fasziale Anspannung. Der Energiefluss wird dadurch behindert, man wird müde, ungeduldig, verstimmt und träge.

Das Fühlen zu verändern, funktioniert mit Hilfstechniken wie z.B. Imagination bzw. Bilderreisen. Sie sind Bestandteil des Bewusstseinstrainings, Intuitionstrainings und Charismatrainings.

Wenn Sie beginnen:

Wählen Sie eine einzige Sache, die Sie verändern möchten – eine sich wiederholende Situation, ein Thema, einen Glaubenssatz, ein reaktives Muster. Halten Sie den Fokus, üben Sie bis Sie zufrieden sind.

Gerne bin ich für Sie da, wenn Sie sich begleiten lassen möchten, um Ihre Prioritäten zu setzen und die Methodik zu finden, die Ihnen am leichtesten fällt und am schnellsten zum erwünschten Ergebnis führt.

Finden Sie für sich heraus, wer und wie Sie sein möchten. Entfalten Sie sich auf *Gott komm raus*.

Ich weiß: Sie haben Charisma!

KAPITEL 5: ERSTE MALE HALTEN LEBENDIG UND ATTRAKTIV

Das erste Mal etwas erleben und in einem Augenblick für sich etwas Neues entdecken: Wie ist es für Sie, zum ersten Mal einen Ort zu besuchen oder einer Person zum ersten Mal in die Augen zu blicken? Es gibt viele erste Male im Leben. Wie Sie diese Momente und deren charismatische Wirkung neu aufleben lassen können, steht im Fokus dieses Kapitels. Weiterführende Überlegungen dazu erhalten Sie in Kapitel 10 Punkt 10.

Meine Herzensbotschaft:

Seien wir charismatische Vorbilder. Berühren und inspirieren wir unser Umfeld, durch unsere Art zu leben. Leben wir der Jugend vor, dass es schön, spannend und so gar nicht langweilig ist, erwachsen bzw. alt zu werden und zu sein.

Wir tun ein Leben lang so vieles zum ersten Mal – hören wir niemals damit auf! Das schafft Lebendigkeit, Aufregung, Spannung, (Vor-)Freude, Selbstwert und Attraktivität. Und natürlich Charisma!

Viele erste Male geschehen nicht freiwillig, wie z.B. der erste Lockdown. Nun ich weiß nicht, ob Sie sich diese Situation herbeigesehnt oder sie so anvisiert hatten. War all das, was die Lockdowns mit sich brachten, Ihr Plan oder Ihr Wunsch? In meinem Fall: Nein, die Lockdowns waren meinerseits nicht geplant. Einige der Folgen allerdings hatte ich mir schon lange Zeit gewünscht: Nämlich, dass Menschen einander mitfühlend, respektvoll und ehrlich begegnen und einander unterstützen.

Um Freude an ersten Malen zu haben, ist es sinnvoll, sich etwas Schönes, Anregendes, Aufregendes, Spannendes vorzunehmen, und dies dann zum ersten Mal zu tun. Dazu braucht es frohen Mut! Vielleicht wählen Sie nicht gleich einen Fallschirmsprung - oder doch?

Tipp: Klein und einfach beginnen

Man könnte auch eine in Vergessenheit geratene Sache nach Jahrzehnten wieder zum ersten Mal tun: z.B. einen Wiesenblumenstrauß pflücken, einen Kopfsprung machen, ein Gedicht schreiben, auf einen Baum klettern. Beginnen Sie mit einfachen, kleinen Dingen.

Situative Intelligenz entwickeln

Aus meiner Erfahrung weiß ich: Wenn ich erste Male bewusst übe, kann mich eine fremdbestimmte Veränderung nicht so sehr erschüttern. Das System wird dann flexibel, lösungsorientiert und vor allem gelassener als früher reagieren.

Ich hatte und habe immer ein Notizbuch bei mir. Hier trage ich meine ersten Male ein - die aus der Vergangenheit (mir fallen immer wieder welche ein) und die ersten Male, die ich anstrebe. Ja, und natürlich auch die ersten Male, die mir passieren, ohne dass sie am Plan waren. Ich notiere mir auch, wie ich mich gefühlt habe und was dieses erste Mal in der Folge bei mir ausgelöst hat.

Tipp:

Legen Sie sich doch auch eine Datei oder ein Büchlein zu, wo Sie Ihre bisherigen ersten Male notieren. Gehen Sie in Ihrer Erinnerung zurück, beginnen Sie in den vergangenen Wochen, und arbeiten Sie sich bis zu Ihrer Kindheit durch.

Sie werden viele erste Male wachrufen: Vom ersten Online-Meeting über den ersten Auftritt, den ersten Cocktail, den ersten Discobesuch, den ersten Kuss, die erste Olive, das erste Mal Eislaufen bis zum ersten Mal Radfahren ohne Stützen.

Die *erste Olive* erwähne ich aus einem bestimmten Grund. In Russland heißt es, wenn jemandem plötzlich Oliven schmecken, so ist diese Person erwachsen geworden.

Wecken Sie Ihre Freude am Ausprobieren, am Entdecken. Werden Sie nicht müde. Öffnen Sie sich den aufregenden, wunderschönen und atemberaubenden Möglichkeiten, die das Leben Ihnen bietet. Spielen Sie freudvoll und neugierig.

Legen Sie sich eine Liste an mit Ihren Wünschen, was Sie alles zum ersten Mal ausprobieren möchten. Tragen Sie diese in Ihren Kalender ein, so dass Sie sich immer wieder auf ein erstes Mal freuen können und es auch tatsächlich umsetzen.

Ihr charismatisches Ich wird überglücklich sein!

KAPITEL 6: DAS CHARISMATISCHE ICH

Jeder Mensch hat Charisma. Definieren und entdecken Sie Ihres. Und leben Sie es. Eine neue Ausrichtung mental zu unterstützen, macht richtig viel Sinn.

Tipp für alle mentalen Übungen:

- Einen ruhigen Ort wählen, an dem gewiss niemand und nichts stört
- Telefon lautlos / auf Flugmodus stellen
- Wecker für das Ende der Übung stellen

Es ist für Bilderreisen und Meditation wichtig, sich vorher gründlich (Muskeltonus, Mentalwelt, Atmung) zu entspannen. Wenn Ihnen dies alleine schwerfällt, lassen Sie sich von einem Profi begleiten. Lehrer und Trainer aus allen Facetten der Meditation führen Sie auf einfache Art und Weise in die sogenannte Alpha-Phase (es handelt sich hierbei um eine Gehirnstromfrequenz). In der Alpha-Phase bleiben Sie bei vollem Bewusstsein, es ist ein Zustand entspannter Wachheit, also keine Trance. In Alpha werden mentale Techniken, Intuitions- und Bewusstseinstraining und viele Formen der Meditation praktiziert. Zudem ist Alpha eine Frequenz, in der Sie wesentlich aufnahmefähiger sind. *Entspannte Wachheit* beschreibt diesen Zustand sehr gut.

Ich persönlich habe mehrere Möglichkeiten gefunden, mich in kurzer Zeit zu entspannen:

- Hinlegen, tief durchatmen, den Atem beobachten und lenken
- Musik
- Körperübungen

- Bilderreisen für die Sinne: An einen schönen Ort zu denken, mich auf diesen Ort ganz einzulassen und alle Sinneswahrnehmungen zu aktivieren (z.B. ich spaziere alleine in einer schönen Bucht, höre das Meer rauschen, fühle die Meeresluft auf meiner Haut, schmecke eine Frucht, die ich vom Baum nehme, betrachte die Landschaft, lasse mich ins Wasser gleiten usw.)

- Body Scan (Achtsamkeitsreise durch die Körperregionen)

Um den Fokus zu halten und das System neu auszurichten, benötigt es 21 Tage der täglichen Wiederholung einer mentalen Übung. Durch die Wiederholung fällt es nach einiger Zeit leichter, in die Alpha-Phase zu finden. Sobald man dort angelangt ist, wird man in kürzester Zeit sehr vieles gleichzeitig wahrnehmen und sich merken. Das Gehirn speichert in der üblichen Tagesverfassung (Beta-Phase) 7 Eindrücke pro Sekunde, in der Alpha-Phase ganze 10.000 Eindrücke pro Sekunde.

Übung *Das charismatische Ich*

Dauer beim 1. Mal: 15 Minuten, gerne länger
Wiederholung: 21 Tage lang täglich

Legen oder setzen Sie sich. Bringen Sie Ihre gesamte Aufmerksamkeit und Ihre Energie bei Atemzug nach innen. Nehmen Sie Ihren Körper wahr. Fühlen Sie, wie Sie sich sammeln. Entspannen Sie sich muskulär so, dass der Bauch beim Einatmen größer und beim Ausatmen wieder kleiner wird. Lassen Sie nun auch die Muskeln in Ihrem Gesicht, im Nacken-Schulter-Bereich, in Gesäß- und Oberschenkelinnenseiten weich werden.

Vertiefen Sie Ihren Atem. Beim Einatmen fühlen Sie *innere Weite*. Beim Ausatmen entwickeln Sie *innere Ruhe*.

In Ihrer Vorstellung spazieren Sie durch eine prachtvolle Landschaft. Ihnen kommt eine schöne, würdevolle Gestalt entgegen, die Weisheit und Freundlichkeit ausstrahlt. Diese Gestalt ist ein Symbolbild für Ihre Intuition.

Sie gehen gemeinsam weiter und finden einen gemütlichen Platz zum Verweilen. Dort erscheint vor Ihnen eine Kino-Leinwand.

Stellen Sie nun innerlich die Frage: Was ist meine Vollversion, meine beste Ich-Version, frei von Verletzungen, frei von alten Verhaltensstrategien und

Mustern? Wer bin ich, wenn ich mich selbst ganz zum Ausdruck bringe, wenn ich mein Charisma lebe?

Lassen Sie einen inneren Film entstehen. Ihre Intuition führt Sie durch eine Wahrnehmungsreise. Sie sehen Bilder. Es kann auch sein, dass Sie keine Bilder sehen, sondern einfach *wissen*, wie diese Bilder aussehen. Sie fühlen körperliche Empfindungen. Sie erleben sich selbst in Interaktion mit verschiedenen Menschen. Menschen, die Sie schon kennen. Vielleicht lächelt eine sonst sehr verhaltene Person Sie an. Beobachten Sie, was anders ist als bisher.

Lassen Sie sich voll und ganz ein. Wirken Sie auch aktiv mit – erfinden Sie schöne Situationen und erleben Sie diese in Ihrem neuen, in Ihrem entfalteten charismatischen Ich.

Erweiterung der Übung für Experimentierfreudige:

Holen Sie sich eine unangenehme Situation aus der Vergangenheit auf die Leinwand. Eine Situation, in der Sie sich danach wünschten, Sie hätten anders reagiert. Erleben Sie diese nun aus der heutigen Perspektive, mit Ihrem heutigen Wissensstand, als Beobachter. Sehen Sie in diesem Film Ihr charismatisches Ich agieren. Was verändert sich?

Notieren Sie dann, wie es Ihnen erging. Wie haben Sie sich gefühlt? Wie haben Sie ausgesehen? Was ist geschehen?

Diese Übung können Sie später, nach der 21-Tages-Phase, so oft wiederholen, wie Sie möchten. Die Übung per se sowie auch Ihre Wahrnehmungen werden sich weiterentwickeln!

KAPITEL 7: LEBENSFLIRT SCHAFFT MAGNETISCHE WIRKUNG – DAS UNTERBEWUSSTSEIN ZUM KOMPLIZEN MACHEN

Das Wort Lebensflirt wurde mir von meiner lieben Freundin Martina Schmid aus Wiesbaden geschenkt, sie ist Expertin für Wachstum durch Veränderung (www.martinaschmid.de).

Der Begriff steht für die innere Haltung von spielerischer Leichtigkeit, Experimentierfreude, Neugier und Fehlerbereitschaft. Ein Flirt – in meinem Fall geht es hier selbstverständlich um einen Flirt ohne sexuelle Absicht – ist ein anregendes Spiel.

Das bedeutet nicht, dass man seine Ernsthaftigkeit verliert, ganz im Gegenteil. In dieser inneren Haltung zu agieren, macht das Leben einfach schöner.

Finden Sie es nicht auch anziehend, wenn jemand präsent ist und sich auf Situationen ganz einlässt? Wenn jemand lächelt und in einer kindlichen Kraft freudvoll und neugierig mehrere Versuche startet, etwas Neues zu lernen, und sich verändern möchte? Wenn jemand sich nicht entmutigen lässt? Dabei denke ich nun an den Film *Das Glücksprinzip*.

Lassen Sie diese Vorstellung mal auf sich wirken: Wie wäre Ihr Leben, wenn Sie mit allem flirten würden? Mit sich selbst, mit Projekten, mit technischen Fähigkeiten, mit allem, was Sie zum ersten Mal ausprobieren?

Übung Neuprogrammierung des Zellgedächtnisses:

- Holen Sie sich eine konkrete Situation ins Gedächtnis, in der Sie verbissen um etwas gekämpft haben. Oder in der Sie ungeduldig das Handtuch nach wenigen Versuchen geworfen haben. Es könnte z.B. sein, dass Sie ein Gesellschaftsspiel zum ersten Mal spielen wollten, sich fortbilden wollten oder in Ihrer Wohnung eine handwerkliche Tätigkeit zum ersten Mal selbst ausprobiert haben.

- Und nun gehen Sie in die Position des Regisseurs.

- Sie drehen diesen Erinnerungsfilm neu, nämlich so, dass Sie Ihr Ziel mit spielerischer Leichtigkeit, im Lebensflirt, erreichen.

- Sie werden jetzt zur Hauptfigur des neuen, erfolgreichen Films.

- Diesen neuen Film erleben Sie jetzt mit allen Sinnen - als Hauptdarsteller - drei Wochen lang jeden Tag. Lassen Sie sich ganz ein. Bis ihr Unterbewusstsein glaubt, dass der neue Film der realen Erinnerung entspricht.

Wenn Sie Ihre Erinnerungen wiederholt in der neuen Variante mental und emotional erleben, programmieren Sie Ihr Verhalten, Ihre Gedanken und Gefühle um. Sie gestalten Ihre Zukunft neu.

KAPITEL 8:
FRAGEN UND NOTIZEN

Als ich in den 1990ern begann, mich mit Persönlichkeitsentwicklung zu beschäftigen, wurden mir Fragen gestellt, die ich mir selbst noch nie gestellt hatte. Mich auf diese Fragen wirklich einzulassen, hat mir aufgezeigt, wie wenig mir bewusst gewesen war.

Bis heute schätze ich es sehr, wenn eine Person gute, neue Fragen stellt. Wenn das Alltägliche, das nie Hinterfragte, das Selbstverständliche oder das scheinbar Logische durchleuchtet wird.

Dieses Kapitel soll Sie also zu mehr Klarheit führen, was Charisma für Sie persönlich bedeutet. Wenn Sie Übungen aus diesem Buch selbst praktizieren möchten, werden Sie einige der Antworten später benötigen.

Sie können sich diese Fragen im Lauf der Jahre immer wieder neu beantworten. Die Antworten verändern sich mit Ihrem persönlichen Wachstum und Ihrer Wertewelt.

Wer hat Sie in Ihrem Leben inspiriert, beeindruckt und/oder positiv beeinflusst?

Gehen Sie Ihre Lebensstadien durch. Erinnern Sie sich an die realen Mentoren, Helden, Inspiratoren Ihrer Kindheit, Ihrer Jugend und Ihres Erwachsenenlebens.

Was genau war das Besondere an diesen Personen? Was genau hat Sie inspiriert, beeindruckt oder beeinflusst?

Wen haben Sie früher als charismatisch empfunden – und weswegen?

Wen empfinden Sie heute als charismatisch – und weswegen?

Sind Sie charismatisch?
(Wenn Sie das Gefühl haben, es manchmal zu sein, so beschreiben Sie die Charisma-Situationen konkret.)

▯ Ja

▯ Ja, in folgenden Situationen:

____

____

____

____

▯ Nein

Was lieben und schätzen Sie an sich selbst?

Charakter:

____

____

____

____

Körper, Gesicht, Erscheinungsbild:

____

____

____

____

Kräfte, Stärken:

____

____

____

____

Wenn Sie eine andere Person wären: Würden Sie sich zum Freund haben wollen?

Ja, weil

____

____

____

____

Nein, weil

____

____

____

____

Wenn Sie eine andere Person wären: Würden Sie sich als Ehe-/Lebenspartner haben wollen?

Ja, weil

____

____

____

____

Nein, weil

____

____

____

____

Geben Sie sich Punkte von 1 bis 5

(1 = nicht vorhanden, 5 = stark ausgeprägt):

Natürlichkeit, Wahrhaftigkeit	1 2 3 4 5
Selbstvertrauen, Selbstwert	1 2 3 4 5
Dankbarkeit	1 2 3 4 5
Wertschätzung	1 2 3 4 5
Gerne leben	1 2 3 4 5
Charme	1 2 3 4 5
Humor und Großzügigkeit	1 2 3 4 5
Herzlichkeit	1 2 3 4 5
Gebernatur	1 2 3 4 5
Offenheit, Staunen, Neugier, Entdeckerfreude	1 2 3 4 5
Verletzlichkeit, Berührbarkeit und daraus folgende Stärke	1 2 3 4 5
Verlässlichkeit – Handschlagqualität	1 2 3 4 5
Zusammenhalt	1 2 3 4 5
Gelassenheit, Taktgefühl, Besonnenheit bei Konflikten und Krisen	1 2 3 4 5
Selbstreflexion, hohe Selbstwahrnehmung	1 2 3 4 5
Die Fähigkeit, sich zu entschuldigen oder Fehler einzugestehen	1 2 3 4 5
Spontane Freude	1 2 3 4 5
Inspiration schenken	1 2 3 4 5
Vorbild sein	1 2 3 4 5

Atmen Sie ein paar Mal durch und lehnen Sie sich zurück. Dann ergänzen Sie die folgenden Sätze, verwenden Sie den ersten Impuls:

Das Leben ist

___

Menschen sind

___

Männer sind

___

Frauen sind

___

Kinder sind

___

Die Welt ist

___

Ich liebe

___

Ich verabscheue

___

Ich freue mich auf

___

Ich habe Angst vor

Meine größte Sehnsucht ist

Wenn die gute Fee käme: Wie möchten Sie sein, was ist Ihre beste Ich-Version? Beschreiben Sie so detailgenau wie möglich:

Wie definieren Sie aus heutiger Sicht eine charismatische Persönlichkeit? Beschreiben Sie so detailliert wie möglich:

KAPITEL 9: DIE TIEFERGEHENDE SELBSTWAHRNEHMUNG – HEBEN SIE IHRE INNEREN SCHÄTZE

Meine Überzeugung ist, dass wir keine Ahnung haben, was alles an Gutem und Schönem in uns steckt. Wir sind so viel mehr, als wir zu wissen glauben.

Im Jahr 1997, ich war 24 Jahre jung, saß ich in meinem ersten Basis-Seminar über mentales Training. Ich ging in einer sehr angeschlagenen Verfassung dorthin und war an einem Tiefpunkt angelangt. Ich hatte erkannt, dass ich vollkommen unfähig bin, Liebesbeziehungen zu halten. Ebenso löste ich in meinen Freundschaften und innerhalb meiner Familie sehr oft Streit und Trennung aus. Ich hatte so viele Menschen verletzt, die mir wohlgesonnen waren, die mich schätzten und liebten. Und ich hatte drei gescheiterte Liebesbeziehungen hinter mir.

So wollte ich nicht mehr sein! Ich wollte liebevoll, respektvoll und aufmerksam sein. Mein Wunsch war es, Nähe auf Dauer zu ertragen und halten zu können, auch wenn es Konflikte gibt.

Die Kursleiterin, Prof. Mag. Margarita Zinterhof (Rita) wurde meine Mentorin. Bis heute ist sie mir ein Quell der Inspiration.

Wir waren in diesem Seminar 28 Teilnehmer. Ich blickte um mich. Alle anderen hatten den 40er schon länger hinter sich, ich war das *Küken* im Raum. Mein Leben lang hatte ich die Gegenwart von älteren, erfahrenen Menschen gesucht. Das Skurrile an dieser Situation war für mich, dass die vielen älteren Personen für mich nicht als *Mentoren* fungierten, sondern mit mir in der *Schulbank* saßen.

Wir durchliefen in diesem Seminar viele Aha-Erlebnisse. Unter anderem wurde uns das *Spiegelgesetz* und das *Gesetz der Resonanz* beispielhaft nähergebracht. Nach einer meditativen Übung war Pause. Es war recht ruhig, doch die Stimmung im Raum hatte sich maßgeblich verändert. Wir hatten mehr Farbe, mehr Lebendigkeit im Gesicht, waren im tiefsten Inneren erschüttert und berührt. Es flossen auch Tränen der Rührung.

Eine meiner wichtigsten Erkenntnisse aus diesem Wochenende möchte ich Ihnen weitergeben.

> *Wir können an anderen Menschen (und generell im Außen) nur erkennen, was wir selbst in uns tragen, was wir unterdrücken oder verweigern.*

Das gilt für das Schöne und Gute ebenso wie für das weniger Angenehme.

Mit diesem neuen Wissen ging ich meine Notizen nochmals durch. Was gefällt mir an Anderen? Was zieht mich magisch an? Was lehne ich ab?

Alle positiven Beschreibungen und Eigenschaften, die ich also dort anderen Personen zugeordnet hatte, schlummerten in *mir*!

Sofort wurde mir klar: Diese Schätze hebe ich, gleichgültig wie lange ich dafür brauche. Ich wollte alle diese Eigenschaften befreien und leben.

So begann mein Weg nach meinem Innen, in meine Tiefe, zu meinem wahren Wesen, das ich über all die Jahre wohl zu schützen versucht hatte. Ich erkannte, wie verschlossen mein Herz war, und beschloss, dies zu ändern. So fand ich mein charismatisches Ich.

Zu Beginn fühlte ich mich sehr unsicher, da ich in manchen Situationen überhaupt nicht wusste, wie ich reagieren sollte. Ich wusste nur, dass mein altes reaktives Verhalten mir nicht mehr gefiel.

> *Diese Unsicherheit, wenn man sich verändert, ist ganz normal!*

Wir haben schließlich nicht in der Schule gelernt, uns in unserem Verhalten, in unserer Persönlichkeit weiterzuentwickeln.

Immer wieder ließ ich mich von Trainern und Coaches begleiten. Und ich kam für mich zum Schluss: Das wertvollste Investment ist für mich jenes in die Persönlichkeitsentwicklung und somit in die Lebensqualität.

Nach diesem Wochenende im Jahr 1997 war ich sehr dankbar, dass ich mich schon in so jungen Jahren auf den Weg begeben hatte. Ohne es vorher zu erahnen, hatte ich den ersten und nachhaltigsten Schritt zu meinen inneren Schätzen, zu meinem charismatischen Ich getan.

Bis heute blicke ich mehrmals jährlich in meine Mitschriften aus den Jahren bei Rita. Immer wieder fülle ich die Arbeitsblätter neu aus. Es ist schön, die eigene Entwicklung bewusst nachvollziehen zu können.

KAPITEL 10: CHARISMA-INDIKATOREN MIT ERZÄHLUNGEN UND TIPPS

Ich gehe hier im Einzelnen auf die Eigenschaften eines – für mich – charismatischen Menschen ein. Dabei lasse ich Sie auch an meinen persönlichen Erfahrungen teilhaben. Wählen Sie gerne intuitiv, welche Kapitel Sie ansprechend finden.

1. Natürlichkeit, Wahrhaftigkeit
2. Selbstvertrauen, Selbstwert
3. Dankbarkeit
4. Wertschätzung
5. Gerne leben
6. Charme
7. Humor und Großzügigkeit
8. Herzlichkeit
9. Gebernatur
10. Offenheit, Staunen, Neugier, Entdeckerfreude
11. Verletzlichkeit, Berührbarkeit und daraus folgende Stärke
12. Verlässlichkeit – Handschlagqualität

13. Zusammenhalt

14. Gelassenheit, Taktgefühl, Besonnenheit bei Konflikten und Krisen

15. Selbstreflexion, hohe Selbstwahrnehmung

16. Die Fähigkeit, sich zu entschuldigen oder Fehler einzugestehen

17. Spontane Freude

18. Inspiration schenken

19. Vorbild sein

(1) Natürlichkeit, Wahrhaftigkeit

Jeder Mensch lebt Rollen:

- FreundIn
- Mutter/Vater
- Tochter/Sohn
- Beruf
- NachbarIn
- Öffentliches Auftreten
- KundIn
- und viele andere mehr

Unser Verhalten, unsere Stimme, unsere Körperspannung – alles ändert sich im Kontext der Rollen und Stimmungen. Mit wem interagieren Sie in welcher Rolle? Beobachten Sie sich selbst: Sie werden sich zum selben Thema mit Ihren Eltern anders unterhalten und verhalten, als mit Ihren Freunden, Kunden, Mitarbeitern oder Kindern. Gewisse Dinge werden einige Menschengruppen nie mit Ihnen erleben – mit den Kindern klettern Sie vielleicht auf Bäume, mit Ihren Kunden eher nicht. Ihre Kinder kennen diesfalls auch

Ihre kindlich-abenteuerliche Seite. Wenn Sie privat feiern, tanzen Sie vielleicht ausgelassen – auf geschäftlichen Feiern weniger.

Es ist auch gut so. Die einzig wesentliche Frage ist:

Fühlen Sie sich mit Ihrem Rollenbenehmen in jeder Rolle (noch) wohl?

Auf den Körper hören

Jedes Gefühl von Enge, Druck oder Anspannung, jede Verkürzung der Dauer Ihrer Atemzüge sagt Ihnen: Ich fühle mich jetzt nicht wohl. Etwas ist nicht (mehr) stimmig. Es braucht eine Adaptierung.

Ob wir Menschen es wissen und wollen oder nicht: Unser Inneres, unser Wesen, unser unsichtbares Ich *möchte* wachsen.

Manchmal frage ich mich, ob wir körperlich auch noch wachsen würden, wenn wir diesen Fokus hätten. Vielleicht hört unser Körper auf zu wachsen, weil wir mit anderen Dingen beschäftigt sind und nicht mehr ständig an das Wachsen denken.

Wie war denn Ihre Jugend bzw. Phase des Heranwachsens? Dachten Sie gelegentlich daran, eine gewisse Körpergröße zu erreichen? Hierzu eine kleine Anekdote aus dem familiären Kontext: Unser Sohn ist 17 Jahre alt. Alle paar Wochen kommt er zu uns, um seine Körpergröße zu kontrollieren. Er möchte 1,92 m groß werden – immerhin hat er schon 1,82 m geschafft und ist damit einer der größten in der Großfamilie. Uns Eltern jedenfalls überragt er um einen halben Kopf. Wir werden sehen, wie er sich entwickelt. Ich finde jedenfalls an seinem Ansatz Gefallen, sein Wachstum im Auge zu haben und es anzustreben, eine gewisse Größe zu erreichen. Als Erwachsene können wir wohl nichts mehr an unserer Körpergröße ändern, jedoch mental stärker werden und daran wachsen:

Meine eigene Entwicklung betrachte ich mit freundlicher Hinwendung und Großzügigkeit. Zumindest meistens. Ehrlich gesagt, gelingt mir das auch nicht immer – bei aller Übung. Ich probiere ein neues Verhalten aus, das ich gut finde – und dann beobachte ich, was passiert, wie es mir damit geht.

Natürlichkeit wirkt *immer* positiv. Ihr Gegenüber wird auf Ihre Natürlichkeit mit Entspannung reagieren. Sie nehmen viel Druck aus einer Begegnung, wenn Sie natürlich sind.

Zur Natürlichkeit und Wahrhaftigkeit gehört für mich auch, manchmal keine schnelle, oder gar keine Antwort zu haben. Vor allem in den Phasen, in denen Sie sich verändern, können Sie nicht immer sofort wissen, ob Sie ja oder nein sagen möchten. Nicht einmal bei der Auswahl des Essens, beim Kauf neuer Kleidungsstücke oder bei der Wahl eines Musikstücks. Dann nehmen Sie sich Zeit. Ich tue das! Ich lasse mich nicht drängen oder zu raschen Reaktionen verleiten, denn die raschen Reaktionen sind doch wieder die alten, eingefahrenen Verhaltensmuster. Diese sind unbewusst, ungeprüft und meist unstimmig. Ich bin nicht mehr 6 Jahre alt, und gewiss bin ich auch nicht mehr in allen Dingen der Mensch, der ich noch vor einem Jahr war.

Das Bestreben des Menschen ist das *Wachstum.*

(2) Selbstvertrauen, Selbstwert

Dieses Thema kann viele Regale mit Büchern füllen. Es wäre kein Wunder, gäbe es eine *Bibliothek des Selbstvertrauens.*

Ich bin hier so frech und gehe davon aus, dass Sie über gutes Selbstvertrauen verfügen, da Sie soeben ein Buch über das Thema Charisma lesen. Wer ein sehr geringes Selbstvertrauen hat, würde sich vermutlich nicht gleich mit dem Thema Charisma beschäftigen.

In der Sprache drückt sich ein gesundes Selbstvertrauen sehr rasch aus: Man spricht die eigene Wahrheit mutig aus und erträgt die Reaktion des Umfelds. Wer sich sicher fühlt, dem ist nicht so wichtig, ob die eigene Wahrheit mit wissenschaftlichen Studien unterlegt werden kann oder nicht. Wenn man keine Antwort hat, sucht man nicht nach Ausreden und schwafelt nicht herum. Man macht sich durch diese Ehrlichkeit angreifbar.

> *In einem gesunden Selbstwert und Selbstvertrauen ist man bereit, in Frage gestellt zu werden.*

Für mich war es als junge Frau nicht leicht, zuzugeben oder mir selbst einzugestehen, dass ich zu wenig Selbstvertrauen hatte. Tatsächlich litt ich sogar unter Komplexen. Das sehe ich heute, wenn ich zurückblicke. Ich blicke auf meine Jugendjahre … und bin wieder einmal sehr froh, erwachsen zu sein!

Mein Weg zum Selbstvertrauen und Selbstwert ging über viele Jahre, begleitet von Trainern und Coaches, begleitet von jenen Menschen, die schon damals an mich glaubten. Allein wäre ich gewiss noch nicht dort, wo ich jetzt bin. Und Luft nach Oben habe ich noch – ja, in allen Bereichen.

Grundlegend gilt es meiner Ansicht nach zu unterscheiden, ob man sich verunsichert fühlt oder ob man zu wenig Selbstvertrauen hat.

> *Wer ein gesundes Selbstvertrauen bzw. einen gesunden Selbstwert hat, erträgt Verunsicherung.*

Ich mache heute noch hin und wieder die Erfahrung, dass der Selbstwert und das Selbstvertrauen ins Wanken geraten können. Dabei fühle ich mich unsicher. In meinem Fall führe ich diese *Wackelphasen* darauf zurück, dass ich aktiv an neue Ziele herangehe, mich in neue Situationen begebe, oft etwas Neues lerne und übe. Und mich weiterentwickle. Über diese Verunsicherung schreibe ich in Kapitel 9.

In solchen Zeiten erinnere ich mich zuerst an meine Gipfelerlebnisse, ich mache mir bewusst, wie stark ich sein kann. Dann erinnere ich mich an mein Zukunftsbild und das damit verbundene, schöne Gefühl (siehe Übung *An die Zukunft erinnern* in Kapitel 11 – Thema Versagensangst). Ich erkläre mich bereit, alles zu geben, um mein Ziel zu erreichen. Ich mobilisiere alle meine Kräfte.

Meine Wahrnehmung zur Unsicherheit in neuen Situationen ist: Wer Selbstvertrauen hat, mutet sich vieles zu und fordert sich selbst heraus. Verunsicherung kann folglich geschehen – doch man lässt sich nicht von ihr unterkriegen.

(3) Dankbarkeit

So vieles ist selbstverständlich für uns hier im deutschsprachigen Raum! Frieden, Essen, fließendes (Trink-)Wasser, Zugang zu kostenloser Bildung, Überfluss in allen Geschäften, Presse- und Meinungsfreiheit. Die Freiheit zu reisen, Freunde zu treffen, das Geschlecht selbst zu wählen, die eigene sexuelle Gesinnung zu leben oder sich zu kleiden, wie man möchte.

Verstehen Sie mich bitte richtig: Ich genieße es sehr, im friedvollen Österreich in Fülle zu leben. Ich möchte niemanden ermutigen, alles herzuschenken und selbst auf der Straße zu leben. Was ich möchte, ist bewusst zu machen, dass wir eine Riesen Portion *Glück* bei unserer Geburt hatten. Wenn Sie sich dieses Buch kaufen konnten, und die Zeit finden, es zu lesen, gehören Sie zu einer kleinen begnadeten Gruppe der Menschheit.

Blicken wir über den Tellerrand, über die Bundesgrenzen und Kontinente hinaus! Auch 2021 und 2022 waren keine friedvollen Jahre, im Gegenteil. Frieden und Freiheit sind ein alter, ewiger Traum. Was so viele Menschen heiß ersehnen, ist für uns alltäglich geworden.

Mein Opa erzählte mir zahlreiche Geschichten aus der Kriegszeit. Schon als Kind war ich jeden Tag dankbar, in einem friedvollen Land zu leben. Diese Dankbarkeit verstärkte sich, als ich begann, mir Kriegsfilme und -dokumentationen anzusehen. Ich spreche hier von den letzten vier Generationen und der aktuellen weltweiten Situation. Viele Länder, in denen zwar kein Krieg herrscht, haben eine so hohe Armuts- und Kriminalitätsrate, dass ein sicherer und erholsamer Aufenthalt ausgeschlossen ist. Kinder sind dort vermehrt Lebenssituationen ausgesetzt, in denen sie nur mehr einen Ausweg in die Drogensucht oder Prostitution sehen.

Im Jahr 1994, während des Bürgerkrieges, war ich in der algerischen Hauptstadt Algier. Die Fundamentalisten wollten die West-Öffnung stoppen. Abgesehen von Erzählungen über grausamste Ereignisse unter Nachbarn erlebte ich dort jede Menge Chaos: Straßen ohne jegliches Licht-, Leit- oder Sicherungssystem, Knappheit an Grundnahrungsmitteln, ständige Stromausfälle, kein Telefonnetz, Bombenanschläge, den Zwang Gesicht und Körper zu verhüllen. Ich war heilfroh, als ich wieder in Österreich landete, und dankte innerlich für alles, das mir meine Heimat täglich bot.

Meine erste Kambodscha-Thailand-Reise startete genau eine Woche nach dem Tod des thailändischen Königs im Jahr 2016. Meine beste Freundin Claudia und ich hatten leichte Bedenken, wie sich diese Erschütterung auswirken würde. Unsere Bedenken lösten sich in Luft auf. Wir waren umgeben von Dankbarkeit, Offenheit, menschlicher Wärme, herzlicher Bedienung, Wohlwollen. Auch hier herrschte reinstes Chaos auf den Straßen. Die Einheimischen fuhren Mopeds, die mannshoch mit Reis, Bündeln und Kindern beladen waren. Vier Personen auf einem 50-Kubik-Moped sind dort Durchschnitt. Zudem hatte ich bei den wirren Knödeln von teils porösen Stromkabeln über unseren Köpfen in den ersten Tagen höchste Sicherheitsbedenken. Doch die Kabel fielen nicht herab, der Verkehr regelte sich irgendwie von selbst.

Dankbarkeit macht das Leben so schön. Sie hebt die Stimmung und die Energie. Masaru Emoto, der mittlerweile verstorbene japanische Autor und

Forscher, zeigt in seinem Buch *Liebe und Dankbarkeit: Der universelle Lebenscode* anhand von gefrorenen Wasserkristallen die Auswirkung von positiven Emotionen auf den Körper. Dankbarkeit und Liebe erzeugen die schönsten, prachtvollsten Wasserkristalle.

Meine 10 Sekunden Dankbarkeits-Übung:

Ich schenke mir jeden Morgen einen Dankbarkeits-Gedanken. Ge-Danke kommt von Danke! Ich fühle die Dankbarkeit, lasse sie meinen ganzen Körper durchströmen und strahle diese Empfindung aus.

(4) Wertschätzung

Wertschätzung hängt unmittelbar mit Dankbarkeit zusammen. Wertschätzung entsteht aus Dankbarkeit.

Wer andere schätzt, schätzt sich selbst! Wer sich selbst schätzt, schenkt täglich Wertschätzung.

Meine liebe Freundin Melanie ist die Königin der Wertschätzung. Sie macht Wertschätzung für ihre Kunden sichtbar – mit handgeschriebenen Karten und Schriftbildern, schönen Geschenken und kostbaren Verpackungen. Von ihr durfte ich zum Thema Wertschätzung so viel lernen! Ich hatte früher gedacht, ich würde reichlich Wertschätzung zeigen. Doch heute im Rückblick weiß ich: Melanie hat mein Leben verändert. Sie hat mich zu einem besseren, Wertschätzung zeigenden Menschen gemacht. Früher war ich etwas unbeholfen, sperrig darin, mich wertschätzend auszudrücken. Schriftlich gelang mir das recht gut – mündlich eher selten. Für mich geschah Wertschätzung in meinem Inneren – dass die Anderen meine wertschätzenden Gedanken und Gefühle nicht lesen können, daran hatte ich nie gedacht! Ich lerne nach wie vor dazu, indem ich Melanie beobachte, wenn wir in Gesellschaft sind. In ihren Adern fließt Wertschätzung.

Wenn ich mich selbst nicht ehrlich wertschätzen kann (ja, das passiert), dann erinnere ich mich an die Wertschätzung meiner Familie und meiner Freunde. Und wenn gar nichts mehr klappt, dann rufe ich Melanie an!

Stellen Sie sich vor, Sie erhalten eine wunderschöne handgeschriebene Kalligrafie-Karte, in der sich jemand bei Ihnen bedankt. Der Dank bezieht sich auf etwas, das für Sie eine Kleinigkeit war, vielleicht sogar eine Selbstverständlichkeit.

Wertschätzung löst immer viel Positives aus!

Wertschätzung verbindet.

Wer andere hochleben lässt, ehrlich gemeinte Dankbarkeit und Komplimente zum Ausdruck bringt, krönt in einem Atemzug zwei Personen: Das Gegenüber und sich selbst.

Tipps zur Stärkung der Wertschätzung:

- *Wertschätzungs-Liste:*

Erstellen Sie eine Liste: Was schätzen Sie an sich selbst und an den Menschen in Ihrem Umfeld? Diese Liste können sie immer wieder ergänzen.

- *Komplimente:*

Begeben Sie sich bei jeder Begegnung auf die Suche nach dem *Schönsten* an Ihrem Gegenüber. Das *Schönste* kann sich in allen Dingen zeigen: in einem Charakterzug, in der Sprache oder einer besonderen Erzählkunst, in der Gestik oder Mimik, in einer Marotte, im Kleidungsstil, in einer Begabung. Machen Sie dieser Person ein ehrlich gemeintes Kompliment.

- *Fixtermin für Wertschätzungs-Postkarten:*

Reservieren Sie sich in Ihrem Kalender wöchentlich oder monatlich einen 30-minütigen Fixtermin. Bedanken Sie sich mit ein paar lieben und ehrlichen Worten auf einer schönen Postkarte. Handgeschriebene Postkarten erwärmen das Herz in Zeiten von E-cards, E-Mails, Messenger-Nachrichten. Eine erhaltene Karte kann man sichtbar platzieren. Sie ist ein steter Quell der Freude, eine Ressource.

Sie werden es genießen, mehr und mehr Wertschätzung zu zeigen und auszusprechen.

(5) Gerne leben

Hier geht es ans Eingemachte!

Blättern Sie zurück zu Kapitel 8. Sehen Sie sich Ihre Satzergänzungen an von *Das Leben ist …* bis *Meine größte Sehnsucht ist …*

Wesentliche Fragen zu diesem Kapitel sind:

- Finde ich das Leben schön, spannend, interessant, aufregend, anregend?
- Mag ich Menschen?
- Fühle ich mich geborgen?
- Freue ich mich auf meine Zukunft?
- Was denke ich über das Leben hier auf dieser Erde im Allgemeinen?

Wie schätzen Sie sich selbst zu diesem Thema ein – leben Sie richtig gerne, so im Großen und Ganzen? Ich spreche nicht davon, jeden Morgen mit einem breiten Lächeln auf den Tag scharf zu sein – auch wenn dies gern gelehrt wird. Das erscheint mir sehr hoch gegriffen. Zudem macht diese Erwartungshaltung des *Gut-drauf-sein-Müssens* unnötigen Druck. Davon haben wir alle schon genug, danke! Wir dürfen es uns meines Erachtens durchaus auch einmal *schlecht gehen lassen*, ein paar Atemzüge lang.

Wie ist Ihr Lebensgefühl heute? Wie geht es Ihnen beim Gedanken an die Zukunft?

Wie auch immer es ist – Sie können es gestalten, Sie können es verändern. Sie sind Kreator Ihrer inneren Welt, also Ihrer Gedanken, Ihrer Gefühle und Ihrer Handlungen. Nehmen Sie das Zepter in die Hand. Die Welt braucht lebensfrohe, vertrauensvolle Menschen, die jeden Raum erhellen und goldene Spuren hinterlassen.

Wenn wir z.B. 80 Prozent unserer Lebenszeit positiv gestimmt sind und wirklich gerne leben, hinterlassen wir sehr viel Gutes auf dieser Erde.

Lebensfreude steckt an, inspiriert und ist charismatisch.

(6) Charme

Aus Wikipedia:

> *Charme im Sinne des Persönlichkeitsmerkmals ist ein sehr weicher und deshalb schwer zu definierender Begriff und bezeichnet in seiner Hauptverwendung eine bestimmte Art der Ausstrahlung eines Menschen.*

In jedem Fall steht Charme in engem Zusammenhang mit Liebreiz, Anmut, Faszination, Entzücken und Bezauberung. Charme ist für mich untrennbar mit Charisma verbunden, schließlich beginnen auch beide Wörter mit denselben vier Buchstaben und beide sind schwer definierbar. Bei beiden lesen wir auf Wikipedia von einer *bestimmten* oder *besonderen Ausstrahlung*.

Ob Sie jemanden als charismatisch oder charmant beschreiben würden, obliegt einzig Ihnen. Es gibt kein klares Raster. Doch jeder Mensch für sich weiß und fühlt, was Charme und Charisma bedeuten und wer diese Qualitäten besitzt. Spannend!

Für mich persönlich hat Charme auch sehr viel mit einer inneren Haltung des *Flirtens* zu tun. Charmante Personen flirten immer, mit allem und mit jedem. Was ich konkret mit dem Wort Flirt ausdrücken möchte, finden Sie im Kapitel 7.

Gerne möchte ich zum Thema Charme auch eines meiner Lieblingszitate von Oscar Wilde wiedergeben:

> *Alle charmanten Leute sind verwöhnt, darin liegt das Geheimnis ihrer Anziehungskraft.* Oscar Wilde, Das Bildnis des Mr. W. H., Kap. 1

Wie interpretieren Sie diese Aussage? Denken Sie an Personen in Ihrem Umfeld und überlegen Sie, was sie so anziehend macht. Charme hat viele Facetten. Ich schreibe Charme oft einer einzigen spezifischen Geste einer Person zu: wie zum Beispiel ein charmanter Gang, ein charmanter Wortgebrauch, ein charmanter Look etc.

Mein Mann z.B. hat mich von unserer ersten Begegnung an mit seinem charmanten Lächeln verzaubert. Nach 22 gemeinsamen Jahren hat dieses Lächeln noch immer dieselbe Wirkung auf mich. Es ist unwiderstehlich und beeinflusst meine Stimmung in der Sekunde.

> *Ich bin der Überzeugung, dass Charme jedem Menschen innewohnt.*

Beobachten Sie, wie charmant Kleinkinder oft agieren. Es ist bekannt, dass Kinder das Vorgelebte *nachahmen*. Doch speziell in Momenten, wo die Kleinen von Mama oder Papa etwas möchten, probieren sie mehrere Strategien aus. Viele ihrer Verhaltensweisen sind höchst charmant! Dafür hatten sie meist *keine* Vorbilder, also muss das charmante Wesen Ihnen schon *innegewohnt* haben.

Tipps: Wie (be-)leben Sie Ihren persönlichen Charme wieder?

- Wer kannte Sie schon als Kleinkind? Fragen Sie diese Personen, was sie an Ihnen als Kind als charmant empfanden.
- Fragen Sie Ihre Vertrauten, ob Sie charmant sind und konkret, in welchen Situationen bzw. durch welche Ausdrucksformen Ihr Charme zum Ausdruck kommt.
- Fragen Sie sich: Wen empfinde ich als charmant? Und dann holen Sie sich alle Momente und Gesten dieser Person ins Bewusstsein, die Sie als charmant bezeichnen. Finden Sie diese an Ihnen wieder. Sie können schließlich nur erkennen, was Sie schon in sich tragen.
- Leben Sie nach dem Motto *Jeden Tag ein bisschen mehr Charme.*
- Heben Sie meditativ die Schatzkiste des Ihnen innewohnenden Charmes. Öffnen Sie sie und leben Sie mutig Ihren persönlichen Charme.

Übung aus dem Bewusstseins- und Charismatraining:

(21 Tage lang täglich wiederholen)

Holen Sie sich eine vergangene Situation ins Bewusstsein, in der Sie gerne charmant(er) gewesen wären. Sehen Sie diesen Film als Beobachter.

Nun werden Sie gleichzeitig zum Regisseur: Sie sehen sich als Hauptdarsteller und bleiben in der Rolle des Regisseurs. Verändern Sie Ihr Verhalten in diesem Film so, dass Sie sich als charmant empfinden.

Nun werden Sie ganz zum Hauptdarsteller. Lassen Sie sich ganz und gar auf Ihre Rolle im charmanten Film ein. Erleben Sie mental-emotional Ihr charmantes Verhalten in dieser Szene 21 Tage lang täglich für mind. 3 Minuten, sodass Ihr Unterbewusstsein Ihr charmantes Verhalten abspeichert.

Üben Sie sich im täglichen Leben im Charme. So wird er wieder lebendig und entfaltet sich. Sie hatten ihn nur versteckt und geheim gehalten.

Ich weiß, Charme gehört zu Ihnen!

(7) Humor und Großzügigkeit

Großzügigkeit ist für mich eine Folge von Humor. Die beiden Begriffe sind also untrennbar miteinander verbunden.

Humor nach außen ist nicht das, was ich hier vorrangig meine. Darüber gehört ein gesondertes Buch geschrieben, denn Humor ist wahrlich eine spezifische, hochpersönliche Angelegenheit. Über Geschmack lässt sich bekanntlich nicht streiten – über Humor auch nicht!

Hier spreche ich den *inneren* Humor und die *innere* Großzügigkeit an:

Bin ich humorvoll mit mir selbst? Kann ich über mich selbst lachen oder mich selbst wieder hochziehen – anstatt mich bei Missgeschicken oder Fehlern innerlich niederzumachen?

Das Leben ist ein Spiel. Lachen tut gut. Aufbauende Worte tun gut. Sogar ein *inneres Lächeln*, das von außen nicht sichtbar ist, hebt die Energie und die Stimmung.

> *Wer Großzügigkeit und Humor mit und für sich selbst lebt, wirkt auch in seinem Umfeld großzügig, vergebend und aufbauend.*

Humor und Großzügigkeit zu entwickeln gehört für mich zum Wachstum, ein Leben lang. Nach meiner Beobachtung verändert sich unser Humor immer wieder, er wächst mit der Persönlichkeit mit.

Nachdem ich mit 24 Jahren gelernt hatte, wie stark das menschliche System unter Humorlosigkeit und vor allem unter Selbstvorwürfen, Selbstkritik, Selbsthass leidet, wusste ich: Da besteht sofortiger Handlungsbedarf! Schließlich war ich damals perfektionistisch. Ich kritisierte mich täglich und ständig. Also erfand ich eine Übung für mich, die ich gerne weitergebe.

Sobald Sie in Versuchung kommen, sich selbst innerlich abzukanzeln, probieren Sie die *Beste-Freunde-Methode* aus. So können Sie sich selbst wieder zum Lächeln bringen!

Übung „Beste-Freunde-Methode“:

Freunde rügen uns nicht, wenn wir gefallen sind. Sie helfen uns auf die Beine, lenken uns ab, bauen uns auf, bringen uns wieder zum Lachen.

Bei Versagen oder Fehlern stellen Sie sich vor, was Ihr bester Freund nun sagen würde, wie dieser Mensch es sagen würde und wie er Sie ansehen würde. Sie werden diese Person innerlich hören, die aufmunternden, liebevollen und humorvollen Worte. Sehen Sie auch den Gesichtsausdruck, das Lächeln dieser Person.

Wer großzügig ist, vergibt schnell

Humor ist für mich wahrlich eine spirituelle Haltung. Großzügigkeit und Humor setzen voraus, dass Sie die Dinge als Beobachter – also von einer höheren Warte aus – betrachten, dass Sie keine Opferhaltung einnehmen und sich nicht in negative Gedanken- und Gefühlsspiralen verwickeln lassen. Diese Perspektive erweitert Ihre Fähigkeit zu denken, zu fühlen, und zu handeln. Als Beobachter werden Sie Zusammenhänge erkennen und nicht alles persönlich nehmen. So entwickeln Sie Gelassenheit, Weitblick und Versöhnlichkeit.

Großzügigkeit bedeutet, das Ego wahrzunehmen, auf seine Stimmungsschwankungen nicht zu reagieren und gleichzeitig aus einem größeren Ich heraus zu handeln.

Wer nachträgt, schleppt schwer. Wer schwer schleppt, kommt nicht gut voran.

> *Großzügigkeit schafft leichtes Gepäck!*

(8) Herzlichkeit

Ein offenes Herz berührt alle.

Ich weiß, dass es Kräfte, Energien und Frequenzen gibt, die durch unsere Körper hindurchfließen und die uns beeinflussen. Wir Menschen haben die Möglichkeit, uns einer Qualität bewusst zu öffnen und diese durch uns zu anderen hinfließen zu lassen. Als Qualitäten bezeichne ich z.B. Freude, Würde, Wohlwollen – alles, das sich gut anfühlt.

Herzlichkeit ist nichts anderes als universelle Liebe – bedingungslose Liebe. Liebe zum Leben, zum Menschsein, zu anderen Menschen. Sie wird verschenkt. Einfach so, ohne Erwartungshaltung. Nicht mehr, nicht weniger.

Mögen Sie Menschen? Was denken Sie drüber? Oder detaillierter gefragt: Welche Gefühle entstehen in Ihnen unbewusst bzw. automatisch, ohne dass Sie Ihr denkendes Ich aktivieren? Sie haben im Kapitel 8 dazu Sätze ergänzt, schlagen Sie dort nach.

Das Geschenk der Herzlichkeit führt zu einem schnellen Vertrauensaufbau. Es beruht auf einem hohen Vertrauen ins Leben, sowie auf einem hohen Selbstwert.

Ich weiß, wir alle begegnen manchmal einer Person, der wir uns nicht öffnen wollen. Wenn Sie wissen, dass Sie ein sehr misstrauischer Mensch sind, und wenn Sie wirklich ernsthaft an sich arbeiten möchten, so bleiben Sie an diesem Thema vorrangig dran.

Wer sich zurückhält, hat Angst.

> *Ein offenes Herz macht nach meinem Empfinden nicht verletzlicher, sondern stärker.*

Ich kann von mir selbst sagen, dass ich mehr ertrage, wenn ich offenen Herzens bin.

Wie pflege ich meine Herzlichkeit?

Expect the best Methode: Auch zum Thema Herzlichkeit und Vertrauensaufbau empfehle ich die Methode *Ich erwarte mir das Beste.* Was kann schon passieren, außer dass Sie neue und vielleicht ganz wunderbare Menschen etwas tiefer in Ihr Inneres blicken lassen? Sie sind erwachsen. Sie halten einiges aus, Sie können sich sammeln.

Meine 21-Mal-Methode: Wählen Sie eine Person, der Sie nicht leicht vertrauen können und der Sie wieder begegnen werden. Nehmen Sie sich vor, diese Person noch 21-mal zu treffen und am Weg zum 21. Treffen das Beste, Schönste, Liebenswerteste an dieser Person zu finden. Diese Übung hat mein Leben maßgeblich verändert.

Durch den Fokus auf das Gute in Ihrem Gegenüber stecken Sie einen neuen Rahmen für die Begegnung. Sie werden sich gut fühlen.

Lassen Sie sich offenen Herzens auf sich selbst und auf andere Menschen ein.

(9) Gebernatur und Zusammenhalt

Um das Geben wirklich umzusetzen, braucht es Vertrauen ins Leben und Vertrauen in die Zeit. Vertrauen auf das Grundgesetz, dass alles zu uns zurückkommt. Für dieses Vertrauen ist es hilfreich, Weitblick zu entwickeln, das heißt einen großen zeitlichen Rahmen zu stecken.

Beim Thema Geben muss ich einfach über Zeitmanagement schreiben: denn ich kenne es zur Genüge, dass man sich zu wenig Zeit nimmt, um seine Gebernatur zu pflegen. Unser Befinden hat sehr oft mit unserem Zeitmanagement zu tun. Wenn wir uns zu wenig Zeit geben, entsteht Druck oder gar Widerstand. Mein Motto, mein Mantra lautet *Ich habe alle Zeit dieser Erde* bzw. *Ich habe mein Leben lang Zeit.* Dieses verwende ich natürlich nicht für ein datiertes Projekt. Doch ich wende das Mantra an, wenn ich merke, dass ich mich selbst unnötig abhetze. Und wenn jemand anderer sich oder mich hetzt.

Vielleicht kennen Sie auch den elterlichen Kommentar: *Kind, nichts geht in dieser Welt verloren.*

Was damit gemeint ist: Was wir geben, kommt zu uns zurück. Irgendwie, durch irgendwen, irgendwann. Das Gute ebenso wie alles Andere.

Meine Wahrnehmung ist, dass dieses Zurückkommen heutzutage um einiges rascher geschieht als in meiner Kindheit und Jugend.

> *Die Welt hat sich verändert.*

Alles wird luftiger, fluider, schneller. Die Wirkung einer Ursache manifestiert sich in Windeseile!

Achten wir auf unsere Gedanken, auf unsere Gefühle und Handlungen. Werden wir wieder so, wie wir gemeint sind: Liebend. Gebend. Beschützend. Nährend. Wachsend. Freudvoll.

Das Geben liegt mir. Ich war schon immer ein Geber, *Vorschussvertrauen* war mein zweiter Vorname. Jahrzehntelang lebte ich im Verhältnis 80 Geben : 20 Erhalten. Im Jahr 2016 begann hier eine große Veränderung. Ich wurde Mitglied bei BNI. Das weltweite Unternehmer Netzwerk BNI – Business Network International – agiert unter der geschützten *Marke Wer gibt gewinnt® / Givers Gain™*. Seit dem Frühjahr 2016 bin ich also Teil dieses 273.000 Mitglieder starken Netzwerkes. Und seit 2017 erhalte ich alles zurück, was ich jemals (!) ausgesät habe. Vieles davon ist nicht messbar. Monitär hält sich das Geben und Nehmen in diesem Netzwerk für mich in der Waage.

Im Zuge meiner BNI-Jahre habe ich mich tiefer auf das Thema *Geben* eingelassen.

Geben hat unzählige Formen. Es zeigt sich in einem ehrlichen Feedback oder darin, zuzuhören, von Negativem abzulenken, aufzubauen, an jemanden zu glauben, eine kleine Besorgung abzunehmen, beim Großputz zu helfen, einen Salat zu einer Feier mitzubringen, eine Geschichte zu erzählen, auf das Kind aufzupassen oder jemanden weiterzuempfehlen. Oder auch darin, Texte zu korrigieren, eine Einladung zum Essen auszusprechen, beim Verfassen eines Lebenslaufs zu helfen sowie Tipps aus der Praxis zu geben und so weiter.

Ich möchte jedem Menschen dies ans Herz legen:

> *Sie haben viel zu geben. Schöpfen Sie aus dem Vollen.*

Wecken wir unsere Gebernatur, das macht uns im Urgrund glücklich!

Beantworten Sie sich in einer ruhigen Viertelstunde die Fragen:

- Geben Sie gerne, fällt Ihnen das Geben leicht?
- Was bedeutet Geben für Sie?

- Wie fühlen Sie sich, wenn Sie geben?
- Welche Formen des Gebens leben Sie?
- Finden Sie weitere Möglichkeiten zu geben?
- Können Sie auch annehmen?
- Ist das Geben und Nehmen in Ihrem Leben in Balance?

Tipp: Wie ich mich im Geben übe

Bieten Sie aktiv Ihre Unterstützung an. Die ehrlich gemeinte Frage *Was kann ich für dich tun* (ggf. mit dem Zusatz: *wenn ich mir XY Minuten Zeit nehme)* wird oft nicht, oder nicht sofort beantwortet, weil Menschen nicht gewohnt sind, diese Frage gestellt zu bekommen.

Probieren Sie es mal aus, bieten Sie Ihre Hilfe an – dann, wenn Sie wirklich bereit sind, so und so viel Zeit zu investieren.

(10) Offenheit, Staunen, Neugier und Entdeckerfreude

Das Wort Neugier wird oft negativ empfunden, darum greife ich zum Wort *Entdeckerfreude*. Sie überwindet die Angst vor Veränderung und lässt uns Dinge zum ersten Mal tun. Wenn wir in der Entdeckerfreude handeln, empfinden wir keine Angst, sondern eine gewisse Aufregung, Vorfreude, positive Anspannung, ein prickelndes Abenteurerdasein.

Können Sie noch staunen – richtig staunen, wie ein Kleinkind vor dem Christbaum?

Sind Sie offen? Offenheit hat mit Interesse und Freude an Neuem zu tun.

Ich sehe, dass viele Menschen so vollgepackt sind – in ihrem Terminkalender, in ihren Gedankenwelten – dass kein Raum für Interesse, für Neugier, für Neues da ist. Ich verweise hier auch auf Kapitel 5.

Das Staunen hat für viele Erwachsene seine Attraktivität verloren, schließlich wird es oft als Naivität ausgelegt. Ich finde das sehr bedauerlich. Staunen schafft automatisch eine Lücke, einen weiten offenen Raum in unserem Inneren. Es wird still und hell in uns. Es ist für mich Teil des Fundaments für Lebensfreude und Energie.

Um Raum zu schaffen, praktiziere ich Meditation. Meditation gibt es in so vielen Formaten und Methoden. Für mich funktioniert das Meditieren am leichtesten, indem ich die Aufmerksamkeit zum Atem bringe.

Tipps, um inneren Raum zu schaffen:

Beobachten Sie Ihren Atem. Welcher Teil der Atmung ist Ihnen in diesem Moment am angenehmsten: Das Einatmen? Das Ausatmen? Die Atempause?

Nehmen Sie wahr, ob Sie eine natürliche Atempause machen. Wenn ja, wann? Nach dem Einatmen, nach dem Ausatmen, nach beidem?

Nun legen Sie sich eine Hand auf den unteren Bauch, zwischen Nabel und Schambein. Sie entspannen die gesamte Bauchregion. Von Natur aus wird der Bauch beim Einatmen etwas nach außen gewölbt, beim Ausatmen wird er wieder kleiner. Finden Sie diese natürliche Bauch- oder Zwerchfellatmung wieder. Sie wirkt entspannend, sammelnd und erfrischend zugleich.

Wie bereits in Kapitel 5 thematisiert: Auch Bilderreisen oder Fantasiereisen wecken die Entdeckerfreude.

Natürlich sind auch Yoga-Körperübungen eine sehr schöne Möglichkeit, wieder Raum im Inneren zu schaffen.

(11) Verletzlichkeit, Berührbarkeit und daraus folgende Stärke

Sich verletzlich zu zeigen, ist sympathisch.

In meiner Generation war es ganz wichtig, *cool* zu sein. Heute frage ich mich: Warum eigentlich? Ich bin kein *cooler Typ*. Vielmehr bin ich sehr wahrnehmend. Ich bin berührbar und verletzlich, ja!

Im Kapitel 13 gehe ich näher auf dieses Thema ein.

Verletzlichkeit hat nichts zu tun mit Mimosenhaftigkeit oder Allüren. Ich ermuntere hier nicht zum Dauerflennen oder Drama-Schieben.

Verletzlichkeit ist schlichtweg ein Aspekt der Menschlichkeit. Wir haben wunde Punkte. Jeder (gesunde) Mensch ist menschlich. So wie Wasser nass ist. Fakt ist, dass ich bisher keine Geschichte finden konnte, in der es nicht einen wunden Punkt gab. Von Goliath über die Meerjungfrauen über Siegfried bis hin zu Superman – überall bleibt eine Verletzlichkeit, trotz aller wundersamen Schutzfaktoren. Was mir an all diesen Geschichten auffällt, ist, dass die Hauptfiguren mit ihren wunden Punkten hadern.

Den Wunsch unverwundbar zu sein, kann ich selbstverständlich nachvollziehen. Ich habe für mich beschlossen, dass Unverletzbarkeit ein unmenschliches Ziel ist. Da ich das Menschsein liebe, entscheide ich mich für Verletzlichkeit und Berührbarkeit, mit allen Konsequenzen. Auch hier gibt es einen doppelten Boden in meinem Leben: Die Menschen, die mich lieben, sind durchaus in der Lage mich zu trösten, wenn es mal richtig weh tut. Ich muss nicht immer alles alleine schaffen, wozu auch?

Das Wort Berührbarkeit liegt mir persönlich mehr. Es ist klarer. Ein kurzer Satz wie *Das geht mir nahe* genügt, um zum Ausdruck zu bringen, dass mir das Gehörte nicht gleichgültig ist, sondern etwas in mir anrührt. Wenn ich etwas hereinnehme, mir nahekommen lasse, so zeige ich meinem Gegenüber, dass ich mich öffne, dass ich mit der anderen Person verbunden bin.

Für mich ist es ein Zeichen der Wertschätzung und des Vertrauens, berührbar zu sein.

Fazit: Wer zu seiner Berührbarkeit steht, zeigt Stärke.

Übung für Berührbarkeit:

Begeben Sie sich in eine meditative Haltung.

Nun spazieren Sie in Ihrer Vorstellung über eine schöne Frühlingswiese mit Obstbäumen. Sie näheren sich einem Baum und nehmen den sanften Duft der Blüten war. Ein Blütenblatt löst sich und landet in Ihrer offenen Hand. Sie fühlen die Zartheit des Blütenblattes auf Ihrer Haut. Nun betrachten Sie es ganz genau. Alles an diesem Blütenblatt ist zart, auch die Farben und die Linien.

Lassen Sie sich auf diese Zartheit ein.

Beantworten Sie sich die Frage: Was an Ihnen ist zart, sanft, fein?

Kehren sie aus der Meditation wieder zurück in die Außenwelt.

(12) Verlässlichkeit – Handschlagqualität

Wie oft lassen wir uns zu Floskeln wie *wir hören uns, wir sehen uns, man sieht sich, ich melde mich, ich komme wieder mal vorbei* verleiten?

Viele Menschen machen ständig einen gehetzten Eindruck, so als würden sie gleich ihren Zug verpassen. Kennen Sie das, fällt Ihnen jemand ein? Ist diese Person verlässlich? Und um auf das Hauptthema zurückzukommen: Ist diese Person charismatisch?

Gehetzt-Sein kann die Harmonie in einem Raum in einer Sekunde zerstören. Wiederholt nicht gehaltene Abmachungen, Zusagen oder Versprechen ruinieren jegliche Art von Beziehung.

Es hat mit *Respekt* und *Wertschätzung* zu tun, verlässlich zu sein. Wer respektlos ist, hat kein Charisma.

Ich wiederhole mich: Seien wir nicht *friedhöflich*, dafür ist unsere Zeit zu kostbar. Klare Ansage ist gefragt, denn nur so können wir ein gutes Zeitmanagement aufrechterhalten.

Verlässlichkeit und Zeitmanagement sind für mich untrennbar verbunden. Wer sich jeden Tag zerspragelt, weil er bei jedem Anruf abhebt und sich verplaudert, kann Zusagen nicht einhalten, das geht sich hinten und vorne nicht aus. Meine Erfahrung ist, ich kann nichts versäumen, wenn ich mal nicht abhebe oder nicht erreichbar bin. Parallel dazu kann ich sehr viel verlieren, wenn ich unzuverlässig oder unpünktlich bin.

Ständige Erreichbarkeit hat für mich nichts mit Verlässlichkeit zu tun, im Gegensatz zu einer kalkulierbaren Antwortzeit.

Mein enger Kreis – Familie, Freunde und mein Team – weiß, dass mein Telefon auf Flugmodus geschaltet ist, wenn ich konzentriert arbeite, wenn ich schlafe oder wenn ich Zeit mit meinen Liebsten verbringe. Meine Glückskinder (meine Kunden) wissen das ebenso. Wer etwas braucht, hinterlässt eine schriftliche Nachricht, denn ich halte nichts von einer Mailbox. Ich melde mich dann ehestmöglich zurück. Ich aktiviere mein Telefon niemals, um *kurz mal die Mails zu checken*. Das macht keinen Sinn, man kann heutzutage nicht *kurz mal checken*. Dazu fällt mir immer der Song *Nur noch kurz die Welt retten* von Tim Bendzko ein.

Handschlagqualität und Verlässlichkeit kann ich persönlich nur halten, indem ich mir alles zu Erledigende in meinem Terminkalender eintrage, und zwar zu einer Zeit, zu der ich es auch umsetzen kann, mit einer realistisch geplanten Dauer. Auch private Termine – ein Backgammon-Abend mit meinem Mann, ein Einkaufsbummel mit einer Freundin, eine Auszeit im Garten, ein Essen mit Freunden – gehört im Kalender geblockt. So erfasse ich mit einem Blick, wie es um meine verfügbare Zeit bestellt ist, und kann Termine und Pausen realistisch planen!

Den Fokus zu halten, bildet die Basis für Verlässlichkeit. Prüfen Sie, was Sie darüber denken, was Verlässlichkeit für Sie bedeutet, welchen Wert sie in Ihrem Leben darstellt. Was meinen Sie – hat Handschlagqualität mit Charisma zu tun?

Kurzfristige Absagen

Aus einer Situation habe ich sehr viel gelernt:

Es war im Winter 2017. Die Hauptstraße war trotz aller Bemühungen zur Schneefahrbahn geworden, es schneite seit Tagen durch. Frühmorgens war ich unterwegs zu meinem wöchentlichen Unternehmerfrühstück. Mir lief ein Hund ins Auto. Ich blieb stehen, stellte das Pannendreieck auf und musste erkennen, dass der Hund verstorben war. Zum noch größeren Entsetzen erkannte ich das Tier: Es war der Hund einer sehr lieben Bekannten. Mir war klar, dass sie noch schlief. Mit dieser Nachricht konnte und wollte ich sie nicht aus den Federn reißen.

Paralysiert und tieftraurig stand ich auf der Bundesstraße – ohne Pannenstreifen – und ich wusste, mein Auto muss hier weg, um weitere Unfälle zu vermeiden. Ich legte den Hund in die angrenzende verschneite Fläche und fuhr in denkbar schlechter Verfassung zum Unternehmertreffen, wo ich einige Minuten zu spät in die Versammlung platzte. In diesem Moment blickte mir eine Freundin in die Augen. Wie sie mir später erzählte, war sie bereits davon ausgegangen, dass etwas Gröberes passiert sein musste, denn ich sei für gewöhnlich stets pünktlich und verlässlich. Ihr liebevoller, anteilnehmender Blick löste meinen Stress und emotionalen Stau und mir kamen die Tränen. Mit gesenktem Kopf und vom unterdrückten Schluchzen bebender Brust ging ich an meinen Platz.

Die ganze Runde – 37 Personen! – war kurz irritiert. Sie müssen wissen, bei diesem wöchentlichen Unternehmermeeting gibt es eine Agenda. Es spricht immer nur eine Person und die anderen hören aufmerksam zu.

Der Redner – unser damaliger Direktor – fing die Situation gut ab und holte charmant die Aufmerksamkeit des Publikums zu sich zurück. Ich brauchte noch einige Zeit, um mich zu erholen und dem Meeting folgen zu können.

An diesem Tag lernte ich, dass manchmal eine kurzfristige Absage und eine später nachgelieferte Erklärung für das Fehlen besser ist, als eine solch geballte Ladung an negativen Emotionen in einen Raum voller Menschen zu tragen.

Ein Schock ist kein alltägliches Ereignis. Wenn Sie etwas wirklich aus der Bahn wirft, so nehmen Sie sich die Zeit, die Sie brauchen, um wieder in guter Verfassung zu sein. Dies kann bedeuten, dass Termine kurzfristig storniert werden. Im Nachhinein haben Sie immer die Möglichkeit zu erklären, was der Grund für Ihre Absage war.

Manchmal lässt es sich natürlich nicht vermeiden, dass ich in angeschlagener Stimmung mit anderen Personen interagiere. Hier bevorzuge ich Ehrlichkeit – je nachdem, in welches Umfeld ich mich begebe, wie hoch die Vertrautheit zueinander ist. Beispielsweise zu sagen, *Ich bin heute etwas schaumgebremst oder nicht in bester Verfassung*, kann gewisse Missverständnisse schon im Vorfeld abfangen.

Tipps zum Thema Verlässlichkeit:

Wenn Sie wissen, dass Sie oft zu spät kommen oder etwas vergessen, so entscheiden Sie sich für die Zukunft, wer Sie sein und wie Sie sich fühlen möchten. Machen Sie sich klar, dass ein gutes Zeitmanagement und das Einhalten von Terminen Ihnen ein wunderbares Gefühl gibt.

Machen Sie einen mentalen Blick in die Zukunft: Sehen Sie sich in Ihrer Vorstellung, wenn Sie Ihr neues und stimmiges Zeitmanagement leben: Sie treten würdevoll und selbstsicher auf. Ihr Umfeld schätzt Ihre Gegenwart. Sie können andere Menschen gut abholen, weil Sie selbst nicht gehetzt auftreten.

Um verlässlich zu sein, brauchen Sie eine gute und neue Zeitplanung. Beginnen Sie sofort damit: Nehmen Sie sich Ihren Terminkalender und Ihr Telefon zur Hand. Organisieren Sie die nächsten drei Tage so, dass sich alles leicht ausgeht und Sie auch mal eine Pause machen können. Sie werden nach diesen drei Tagen feststellen, dass es Ihnen sehr viel besser geht. Machen Sie dann mit größeren Zeiträumen weiter. Hierfür überprüfen Sie zuerst die unverschiebbaren Deadlines (Fertigstellung eines Projektes, behördliche Fristen etc.). Räumen Sie die Zeit bis zur Erfüllung dieses Termins so frei, dass Sie jede Frist einhalten können – auch dann, wenn etwas Unvorhergesehenes dazwischenkommt.

Planen Sie immer Zeitpuffer ein. Es ist für Ihren Energiehaushalt und somit auch für Ihre Ausstrahlung essenziell, dass Sie Luft zwischen Ihren Terminen und sonstigen Erledigungen halten. Eingeplante Zeitpuffer geben Ihnen das Gefühl, immer reichlich Zeit zu haben. Kleine Ruheinseln von fünf bis zehn Minuten helfen Ihnen, frisch zu bleiben – im Kopf, im Körper, im Sprechen und im Zuhören.

Wenn es trotz guter Planung knapp wird, hetzen Sie nicht. Bleiben Sie ruhig, informieren Sie die andere Person über die Verzögerung.

Wenn eine Person beim ersten Termin nicht pünktlich oder gar nicht erscheint, so machen Sie sich noch kein Bild über die Verlässlichkeit dieser Person. Beobachten Sie über längere Zeit, wer grundlegend verlässlich ist und wer nicht.

Den Ruf der Verlässlichkeit erarbeiten Sie sich über längere Zeit. Ist Ihr guter Ruf einmal vorhanden, so stellt eine Verspätung oder eine Absage kein Problem dar.

(13) Zusammenhalt

Zusammenhalt ist eine große und großartige Sache. Zusammenhalt hat für mich zu tun mit der Identifikation: Vom *Ich und Du* zum *Wir*:

> *Wir schaffen das.*

Hat das schon mal jemand zu Ihnen gesagt, obwohl Sie ganz sicher waren, dass Sie etwas ganz allein schaffen müssen? Dieses kleine Wörtchen „*Wir*" macht den großen Unterschied!

Es löst einen wahren Energieschub aus, wenn uns unerwartet Unterstützung geschenkt wird! Alle Kräfte mobilisieren sich. Allein schon deswegen, weil wir nicht mehr allein sind.

Zusammenhalt heißt für mich: Andere nicht allein lassen. Unterstützung auf allen Ebenen anbieten, die Ihnen möglich sind: Emotional, praktisch, energetisch. In Wort und Tat.

Dies gilt in beide Richtungen: Auch dann füreinander da sein, wenn es *Erfolge* zu feiern gibt. Denn das Wesen des Glücks ist: Es möchte geteilt werden. Allein zu feiern, kann traurig sein.

Machen Sie sich klar, welche Menschen das „*Wir*" verwenden, wenn Sie vor einer Herausforderung stehen. Wer steht voll und ganz hinter Ihnen? Und umgekehrt: Für wen sind Sie da?

Dieser Kreis an Menschen stellt eine Ressource dar.

Eine Person, die Zusammenhalt bietet, wirkt auf mich charismatisch. Wie ist das für Sie?

(14) Gelassenheit, Taktgefühl, Besonnenheit bei Konflikten und Krisen

Ja… manchmal könnte man aus der Haut fahren. Ich auch.

Dieses Kapitel benötigen Sie wirklich nur dann, wenn Sie sich angesprochen fühlen. Wenn Sie wissen, dass Sie sehr impulsiv sind, zur Unbeherrschtheit oder zu einer schnellen *und* falschen Reaktion neigen.

Gerne möchte ich Ihnen zu Beginn einen sehr persönlichen Einblick geben: Von Geburt an – so sagt meine Mutter jedenfalls – war ich grundlegend zornig bis cholerisch. Mich zogen gelassene Menschen magisch an, denn ihre Anwesenheit veränderte mich. Ich wurde in deren Gegenwart auch ruhiger und dachte nach, bevor ich agierte.

Mit 14 beschloss ich zum ersten Mal, Gelassenheit lernen zu wollen. Ich schreibe *zum ersten Mal*, denn ich war pubertär. In der Pubertät war dies für mich eine besonders intensive Herausforderung. Den Charakter und das Verhalten zu ändern, erfordert ja sogar im stabileren Erwachsenenalter einen langen Atem und viel Kontinuität. Ich beschloss also mehrmals in meinem

Leben, mich in Gelassenheit zu üben und sie mir anzueignen, sie zu verinnerlichen.

Jedes Mal, wenn ich es in einer realen Begegnung schaffte, ruhig zu bleiben und der anderen Person ihre Würde zu lassen, hatte ich einen wahren Freude-Schub! Und mit Freude speichert sich ein Erlebnis ganz schnell in das innere System ein. Alles im Menschen möchte solch positiv empfundenen Erfahrungen wiederholen.

Wenn jemand heftig, laut, unbedacht auf eine heikle Situation reagiert, so ist es nicht angenehm für das Umfeld. Heute bin ich meist in der Lage, eine aufgeregte Person abzuholen – das allerdings erst nach sehr vielen Jahren des Trainings.

Ja, Gelassenheit kann man üben! Die Übung *Mentales Vorauserleben* greift ganz wunderbar.

Tipps: Was kann man tun, um mehr Gelassenheit ins Leben zu bringen?

- eine einfache Atemübung: zwei bis dreimal in den Bauch einatmen und über den Mund tief ausatmen
- alle Yoga-Atemübungen, bei denen die Luft gehalten wird (Hinweis: das Luft Anhalten ist aus medizinischen Gründen nicht für jede Person geeignet!)
- eine tägliche Yoga-Praxis, diese kann sehr einfach und kurz sein
- Meditation in jeder Form
- Übung *Mentales Vorauserleben* (21 Tage lang wiederholen)

Übung Mentales Vorauserleben:

Ziehen Sie sich an einen ruhigen und angenehmen Platz zurück. Machen Sie es sich bequem, sodass sich Ihr Körper gut entspannen kann. Sie können sitzen oder liegen. Mit den nächsten tieferen Atemzügen entspannen Sie Ihr Kiefer, die Schultern, den Bauch und das Gesäß.

- Welche heikle Situation liegt vor Ihnen, in der Sie gelassen und würdevoll bleiben möchten? Sehen und fühlen Sie die Situation in Ihrer Vorstellung, als würde sie jetzt geschehen.

- Nun fragen Sie Ihre innere Weisheit: Wie möchte ich mich in dieser Situation konkret verhalten? Sie werden eine Antwort erhalten, weil Sie innerlich ganz genau wissen, wie Sie handeln möchten.

- Erleben Sie sich selbst in Ihrem optimalen Zustand mental voraus. Als würden Sie ein Theaterstück einüben, doch dieses Mal geschieht alles in Ihrem Kopf, in Ihrer Vorstellungskraft.

- Nehmen Sie Ihre Empfindungen wahr.

- Sie können mehrere mögliche Szenen durchspielen – Sie bleiben in jeder davon ruhig, gelassen und besonnen. Sie behandeln Ihr Gegenüber würdevoll – unabhängig vom Benehmen der anderen Person. Sie sind die Ruhe in Person. Spüren Sie, wie sich das für Sie anfühlt! Energie wird frei.

- Diesen neuen Film erleben Sie jetzt mit allen Sinnen – als Hauptdarsteller – drei Wochen lang jeden Tag. Lassen Sie sich ganz ein.

- Wissen Sie: Sie werden dann, wenn es so weit ist, gelassen sein.

- Ihr Unterbewusstsein möchte, dass Sie sich wohlfühlen und mit sich zufrieden sind. Machen Sie es sich zum Partner!

- Nachdem diese Situation tatsächlich erledigt ist, reflektieren Sie. Woran möchten Sie noch feilen?

- Wiederholen Sie das mentale Vorauserleben, so oft Sie es brauchen.

(15) Selbstreflexion, hohe Selbstwahrnehmung

Bei meinem ersten Seminarbesuch zur Persönlichkeits-entwicklung, im Jahr 1987, lernte ich das Clearing: Man nimmt sich abends zehn bis zwanzig Minuten Zeit, um den Tag Revue passieren zu lassen und dabei zu fühlen, ob man mit sich selbst im Reinen ist. Wenn das nicht der Fall ist, macht man seinen inneren Frieden mit sich selbst, und auch mit anderen Personen.

Die Wirkung in meinem Fall war ein ruhigeres Ein- und Durchschlafen, ein besseres Gefühl und sehr viel Selbsterkenntnis.

Das hat mir so sehr imponiert, dass ich es seitdem praktiziere!

Zu Beginn hat das Clearing in etwa eine Stunde täglich in Anspruch genommen. Manchmal mehr. Mein Rückschluss war: Ich muss schon während des Tages so handeln, dass ich abends nicht so viel aufzuarbeiten habe. Dies war eine sehr unschuldige, gleichzeitig logische Schlussfolgerung.

Was mich auf diesem Weg enorm weitergebracht hat, war meine Yoga- und Meditationspraxis. Das mag jetzt viel komplizierter klingen, als es war und ist. Viele Menschen stellen sich bei den Begriffen Yoga und Meditation etwas vor, das kaum etwas damit zu tun hat, was ich bis heute praktiziere, lehre und unterrichte.

Unbequem ist es zu Beginn, ja! Aber ist nicht alles Neue zu Beginn unbequem, anstrengend und eine Überwindung?

Alles, das Sie täglich üben, und das Ihnen auch wirklich guttut, verinnerlichen Sie besonders schnell. Durch Wiederholung wird alles, das Sie lernen, einfacher und somit auch weniger zeitaufwändig. Es wird effizient <u>und</u> effektiv!

> *Alles war schwer, bevor es leicht wurde.*

Yoga und Meditation verstärkt die Propriozeption, die körperliche Eigenwahrnehmung, über die Monate enorm! Schon nach wenigen Wochen oder Monaten der regelmäßigen Praxis fühlen Sie in der Sekunde, wenn etwas nicht passt, wenn Ihr Muskeltonus sich erhöht, Ihre Atmung, Ihre Stimmung oder Energie sich verändert. Nach einem Jahr bemerken Sie sogar feinste, subtilste Vorgänge.

Wenn das für Sie attraktiv klingt: Ab zum Yoga! Ich freue mich natürlich, wenn Sie es mit mir versuchen wollen. Auf meiner Website glueckskind.co.at gibt es Gesprächstermine für ein erstes Kennenlernen zu buchen.

Finden Sie *Ihren* Lehrer. Mit der richtigen Lehrperson an Ihrer Seite kommen Sie so viel rascher dorthin, wohin Sie möchten.

Übung Clearing:

Nehmen Sie Stift und Papier und ziehen Sie sich in einen ungestörten Raum zurück. Sitzen oder liegen Sie bequem (die Körperhaltung dürfen Sie während mentaler Übungen immer verändern). Mit jedem Ausatmen entspannen Sie eine Körperregion: Kiefer, Schultern, Bauch, Gesäß, Füße. Lassen Sie Ihr ganzes Körpergewicht in den Boden bzw. die Sitzfläche sinken.

Nun überblicken Sie den heutigen Tag und fühlen Sie, ob Sie sich mit jeder Situation wohlfühlen.

Wenn Ihnen auffällt, dass Sie sich einer anderen Person gegenüber nicht so verhalten haben, wie Sie es gerne wollten, so spüren Sie mit weit offenem Herzen zu dieser Person hin und denken Sie den Satz, der Ihnen dazu einfällt, z.B.: *Es tut mir leid, ich schätze dich.* Notieren Sie sich für den nächsten Tag ein Telefonat mit dieser Person.

Wenn es umgekehrt ist – wenn jemand Ihnen zu nahegetreten ist oder Sie nicht so behandelt hat, wie es für Sie stimmig gewesen wäre, so spüren Sie zu diesem Menschen hin. Sagen Sie sich innerlich *Genau wie ich gibt diese Person ihr Bestes.* Sie können nicht wissen, was in der anderen Person vorgegangen ist. Jedoch können Sie Mitgefühl und Verständnis dafür aufbringen, dass Menschen manchmal nicht ganz freundlich bleiben bzw. dass sie überfordert sind. Wenn es so genügt, lassen Sie es gut sein. Wenn Sie ein Gespräch brauchen, notieren Sie auch dieses auf Ihrem Clearing-Zettel.

(16) Die Fähigkeit, sich zu entschuldigen

Welch interessantes Thema! Zumindest für mich.

Ich blicke zurück. Geschätzte 70% meines Umfeldes waren nicht in der Lage, *Entschuldigung* oder *Es tut mir leid* zu sagen. Hand aufs Herz: Ich konnte es früher auch nicht – oder nur sehr schwer!

Beim Durchleuchten der Gründe für diese Sturheit fand ich mehrere Ursachen:

- Selbstzweifel
- Innere Kleinheit

- Angst vor Kontrollverlust
- Angst vor Konsequenzen – vor allem davor, dass ein eingestandener Fehler einem später vorgehalten wird. *Du hast damals zugegeben, … bla bla bla …*
- Fehlende Empathie
- Egoistisches, infantiles Betrachten der Situation
- Unreife

Wenn Sie von sich selbst wissen oder glauben, sich nicht entschuldigen zu können – oder es immer zu spät zu tun, stellen Sie sich die Frage *Möchte ich es können?* Wenn ja, so probieren Sie es einfach aus! Ich behaupte: Man muss nicht immer in den Abgründen herumwühlen, um etwas anders zu machen. Man kann beschließen, anders zu handeln und durch das wiederholte neue Handeln aus dem alten Verhaltensmuster herauszutreten. Ob das neue Handeln passt oder nicht, bemerkt man daran, wie man sich danach fühlt. Ein gutes Gefühl bedeutet stimmiges Handeln und umgekehrt. So einfach ist das.

Natürlich ist ein Coaching oder eine Psychotherapie hilfreich.

Wenn Sie selbst jemand sind, der sich leicht und gut entschuldigen kann, aber jemanden kennen, der es nicht kann: Bleiben Sie würdevoll und setzen Sie dem Gegenüber wieder die Krone auf. Helfen Sie dieser Person, die Perspektive zu wechseln.

Ändern können Sie ausschließlich sich selbst. Jemand anderen zu ändern – das hat noch nie funktioniert. Inspiration kann andere berühren und anregen, und Inspiration geschieht durch eine Vorbildfunktion.

(17) Spontane Freude

Die spontane Freude gehört eigentlich zur Natürlichkeit. Doch ist sie so besonders, dass ich ihr einen eigenen Absatz widmen möchte.

Ein Mensch, der sich freuen kann, erfrischt und erhellt sein Umfeld. Ich bin der Überzeugung, dass die spontane Freude wesentlich zum Charisma beiträgt.

Hierzu ein kleiner Exkurs mit meinen persönlichen Eindrücken: Ich habe eine Freundin, Samantha. Sam ist unglaublich! Eine klassische Situation mit Sam sieht so aus: Wir sitzen und wühlen in den tiefsten traurigen Abgründen – Einsamkeit, Hilflosigkeit, Schutzlosigkeit – und wir heulen beide. Dann sage oder tue ich etwas, das sie als lustig empfindet. Ich hatte es gar nicht lustig gemeint, aber sie findet etwas an meiner Aussage oder an meiner Handlung witzig. Sie lacht lauthals drauf los, und zwar so heftig, dass ich mitlachen muss! Oder ich mache ihr ein kleines Geschenk – eine Zuwendung, ein Wort, ein Getränk – und sie strahlt wie ein Baby, das seinen Lieblingsmenschen anstrahlt. Als wäre sie nicht soeben tief traurig gewesen. Als hätten wir nicht gerade eben nach den letzten Taschentüchern gekramt. Samantha ist meine Inspiration für spontane Freude.

Kann man Freude üben? Ich behaupte: *Ja.*

Freude hat mit Dankbarkeit zu tun. Es gibt zahlreiche Ratgeber für Dankbarkeitsübungen.

Aus meiner Sicht braucht es nur eine einzige Sache: Hingabe.

Sich aller Schönheit in diesem Moment hinzugeben, ist so kostbar! Bei sehr betagten Menschen beobachte ich diese Fähigkeit viel öfter als bei den Jüngeren. Es ist so schön, sich wieder über Kleinigkeiten zu freuen: Gehen Sie in den Park und sehen Sie sich um. Sie finden eine aufblühende Knospe. Sehen Sie in die Augen eines Babys und lächeln Sie es an. Fühlen Sie, was das in Ihnen auslöst. Jede freundliche Geste, jede Schönheit, die uns begegnet, kann Anlass zur Freude sein.

(18) Inspiration schenken

Um Menschen zu inspirieren, muss man kein Künstler sein! Es sind auch nicht immer Worte, die uns inspirieren.

Es ist aus meiner Erfahrung viel einfacher:

> *Das Vorleben von positiven Qualitäten schenkt Inspiration.*

Wir halten uns so oft in Momenten zurück, in denen wir Inspiration schenken könnten. Dabei bietet uns das Leben viele Chancen und Möglichkeiten, unserem Gegenüber inspirierend und wohlwollend zu begegnen: mit Großzügigkeit, Güte, Würde, Freude, menschlicher Wärme, Gelassenheit und

Klarheit. Hier zählt auch, hinzuhören, jemandem, der gefallen ist, wieder aufzuhelfen, ein Kompliment zu machen, herzliche Worte zu schenken, zu lächeln, mitzufühlen, Zärtlichkeit zum Ausdruck zu bringen, zu genießen, humorvoll zu sein, sich selbst nicht allzu wichtig zu nehmen und in gewissen Situationen still zu sein. An dieser Stelle könnten noch unzählig weitere Beispiele angeführt werden.

Was sind Ihre Stärken - und welche schlummern noch in Ihnen?

Präsenz und Echtheit sind die Säulen, auf denen Inspiration Platz hat. Wer im Hier und Jetzt ist, verkörpert eine ganz andere Kraft als Menschen, die ständig vor- und nachdenken.

Conclusio:

- Mehr fühlen - weniger denken.
- Mehr Kreation - weniger Reaktion.

(19) Vorbild sein

Was verstehen Sie unter einem Vorbild? Finden Sie es für sich selbst heraus.

Wenn Sie nichts von Vorbildern halten, überspringen Sie dieses Kapitel.

Das Wort Vorbild ist - wie so viele Begriffe - umstritten. Nicht jeder möchte Vorbilder haben, nicht jeder möchte Vorbild sein.

Deswegen erkläre ich, wie ich das Wort verstehe:

Ein Vorbild ist eine Person, die in mir die Sehnsucht weckt, mich zu verbessern, etwas anders zu tun als bisher, mich zu entwickeln. Für mich steht Vorbildhaftigkeit in untrennbarem Zusammenhang mit Präsenz und Inspiration.

In meinem Leben gab es immer wieder Vorbilder und den Wunsch, selbst eines Tages Vorbild zu sein. Durch meine Lehrerinnen Gertrude und Eva wurde etwas in mir ausgelöst. Beide lebten mir etwas vor, das mich magisch anzog: Würde, Güte, Gelassenheit, Wärme nebst einer ganz großen Klarheit.

Ich wusste: So will ich als Erwachsene sein! So möchte ich mit Menschen umgehen.

Im Juli 2021 erlebte ich eine Situation, die für das Thema *Vorbild sein* so famos passt:

Es fand ein Speaker Slam statt, ein Redewettbewerb mit 79 Teilnehmern. Der Veranstalter war Hermann Scherer.

Der Großteil der Teilnehmer hatte zuvor schon drei Tage lang an einem Seminar teilgenommen, man hatte sich also bereits ein bisschen kennengelernt. Auf die Bühne zu gehen und vier Minuten lang über sein Herzensanliegen, seine Mission zu sprechen, war für einen Großteil der Gruppe neu und sehr herausfordernd. Einer der Teilnehmer hatte auf der Bühne ein Blackout. Er wollte die Bühne schon verlassen, da sprintete Hermann Scherer nach vorne und setzte sich mit dem Teilnehmer auf den Bühnenrand. Er führte ein Interview mit ihm, sodass der Sprecher doch noch seine Botschaft rüberbringen konnte. Abschließend umarmte Hermann Scherer seinen Seminarteilnehmer mit den Worten *Und darum brauchen wir Menschen wie dich.*

Wir im Publikum waren wohl alle sehr berührt von dieser Situation. Es war einfach grandios, wie Hermann Scherer diesen jungen Mann abholte und ihm die Krone wieder aufsetzte. Ja – das ist für mich vorbildhaft!

Wahrhaftigkeit

Sehr viele Personen wollten mich belehren. Belehrung ist aber nicht das, was Charisma ausmacht. Wenn jemand etwas sagt, das er selbst nicht lebt, so zeigt es keine positive Wirkung.

Lehren und belehren sind für mich zwei Paar Schuhe. Lehren heißt fordernd zu begleiten und auf seine Schüler achtzugeben, sie in einem gewissen Sinne zu beschützen. Das ist eine ganz andere Liga als das Belehren. Eigentlich sind belehrende Menschen der Kategorie Besserwisser zuzuordnen – und ich nehme an, Sie stimmen mir zu: Dieser Menschenschlag erfreut sich kaum großer Beliebtheit.

> *Die Wahrheit äußert sich immer.*

Ich denke, es braucht eine große innere Aufgeräumtheit, um zum Vorbild zu werden. Der Mensch neigt dazu, sich mit Nichtigkeiten vollzustopfen, mit altem Ballast, mit Sorgen, mit negativen Gedanken – ja, das kenne ich natürlich aus eigener Erfahrung.

Ein großer Moment in meinem Leben war der, als ich wirklich durch und durch erkannte, dass ich mit meinem Bewusstsein ständig zwischen Vergangenheit und Zukunft hin- und herspringe, dass ich so gut wie nie im Moment lebe. Die wenigen Ausnahmen von diesem Zustand wurden mir ebenso bewusst: Lesen, Tanzen, Eislaufen, meine Lieblingsradiosendung *Erfüllte Zeit* hören, ausgewählte Musik genießen, Küssen, Zeichnen und Malen, Waldspaziergänge, Blumenpflücken und noch ein paar andere.

Präsent-Sein bedeutet, sich lebendig und verbunden zu fühlen. Die Zeit zu vergessen, sich hinzugeben, sich grenzenlos zu fühlen, zu genießen. Wahrnehmend zu sein.

Es sind aber nicht nur unsere herumspringenden Gedanken, die uns abhalten, unser bestes Inneres zu leben. Es sind auch unsere Schutzmuster, unsere automatisierten Verhaltensweisen – alles, das jetzt unseren Charakter ausmacht.

Man kann es nicht oft genug sagen: Der Charakter eines Menschen ist nicht in Stein gemeißelt. Er ist veränderbar.

Es geht im ganzen Leben um die Frage: *Wo ist mein Bewusstsein?*

KAPITEL 11: DIE TORWÄCHTER – WAS HINDERT MICH DARAN, CHARISMATISCH ZU SEIN, UND WIE LÖSE ICH DAS AUF?

Hindernisse, Saboteure, Hemmnisse sind fixer Bestandteil des Menschenlebens. Die Kunst ist, sie im Labyrinth des Ichs zu finden, aufzudecken und mit ihnen zu spielen. Sie so umzugestalten, dass sie sinnvoll und nützlich sind. Ich halte nicht viel davon, diese *Torwächter* zu *killen*. Mein Ansatz ist die *Transformation*: Spielen, Aussortieren, Umwandeln. Alle Torwächter haben eine Geschichte von Verletzung, Zurückweisung und Isolation. In der Tiefe haben sie mit innerer Kleinheit zu tun. Das Gefühl *ich bin nicht gut genug* bildet also den Nährboden für alle Torwächter.

Mein Großvater war ein Zauberer. Nicht beruflich. Ich empfand ihn als Zauberer. *Er machte aus allem etwas Gutes. Geht nicht*, gab's nicht. Er sah stets die Chance und die Lösung des Problems: Alte Elektrogeräte wurden repariert oder mit neuen Geräten irgendwie gekoppelt, Schuhe wurden neu besohlt, gebrauchte Kleidung wurde bestickt und vernäht, aus Holzstücken wurde etwas Nützliches geschnitzt. Recycling und Umwandlung wurden mir in meiner frühen Kindheit vorgelebt, es hieß nur anders: Reparieren, umbauen, einbauen, aufpeppen, verwerten. Genau so können wir mit unseren Torwächtern, die uns im Leben ein Hemmschuh sind, umgehen.

Alles und jeder will nützlich sein. Auch die Torwächter.

Alles kann repariert oder sinnvoll verwendet werden – nichts muss zerstört oder weggeworfen werden. Diesen Grundsatz wende ich gerne auch für Torwächter und Persönlichkeitsanteile an. Denn Torwächter haben eine Funktion: Sie beschützen uns. Wenn wir z.B. glauben, dass wir nicht berühmt werden dürfen, so werden die Torwächter uns darin unterstützen, unbekannt zu bleiben.

Sie beseitigen zu wollen, ist nicht zielführend. Meine Überzeugung ist, dass wir nicht einen Teil von uns abschneiden können, ohne einen anderen Teil auf der gegenüberliegenden Seite unserer inneren Skala zu mindern oder gar zu verlieren. Das bedeutet: Wenn wir unseren Zorn unterdrücken, anstatt die durch ihn hochfahrende Energie sinnvoll zu verwenden, verlieren wir auch einen Teil unserer Fähigkeit zur Freude. Jahrelang unterdrückte Energie wird in meiner These zur Krankheit, zum Stau, zum Schmerz und bricht sich Bahn.

Darum habe ich mir angewöhnt, *liebevoll* auf meine Torwächter zu blicken, ihnen zuzuhören und sie zu trösten oder ihnen neue Aufgaben zu meinem Wohl zu geben.

Sie werden vieles entdecken, was Sie im Herzen berührt. Respektieren Sie die unerlösten alten Emotionen, die am Torwächter hängen, und haben Sie Mitgefühl mit sich selbst.

Setzen Sie nach dem Erkennen der Ursache jedem Torwächter eine Krone auf, schaffen Sie Ihr inneres Königreich. Jeder Torwächter kann Sie in Ihrem persönlichen Wachstum unterstützen!

Die Torwächter

Es gibt so viele! Einige davon picke ich hier heraus. Die vorgereihten sind die häufigsten Torwächter. Lesen Sie gerne nur jene, die Sie interessant finden. Entnehmen Sie, was Sie anspricht. Filtern Sie aus, was für Sie nicht stimmt.

Versagensangst

Wenn wir zu Beginn unseres Lebens laufen lernen, werden wir für das Hinfallen nicht bestraft. Wir fallen hin, werden getröstet und ermuntert, es wieder zu versuchen. So lernen Menschen: Durch Fehler zu lernen und weiterzumachen. Dies ist der urnatürliche Lernprozess.

Als Kind arbeiten wir also nach dem Prinzip *fail to learn*.

In der Schulzeit erfahren wir, dass wir keine *Zeit* für Fehler haben – wir sollen den Stoff einfach *können*. Es mangelt ebenso an der Zeit für praktisches Anwenden des Unterrichtsstoffes. Alles, das wir anhand praktischer Experimente üben können, verinnerlichen wir sehr leicht.

Ich führe Versagensangst deswegen auch auf *Zeitdruck* zurück, sowie auf das Fehlen einer Idee oder Anleitung für das praktische *Experimentieren*.

Als Erwachsene gilt für mich daher das Prinzip*: learn to fail*. Es geht darum, mir zu erlauben und mir die Zeit zu geben, wieder durch Fehler zu lernen.

Die gute Nachricht für Sie ist: Sie sind erwachsen! Sie können sich Ihre Ziele selbst setzen und Ihre Zeit selbst einteilen. Das bedeutet, Sie dürfen sich reichlich Zeit geben, ein Vorhaben auf unterschiedliche Arten anzugehen.

Bei einem großen Ziel setze ich den Zeitrahmen dementsprechend großzügig. Umfangreiche Vorhaben plane ich über mehrere Jahre. Mit einer klugen Strategie kann mir nichts passieren. Nichts und niemand kann mir meine bisherigen Erfolge wegnehmen. Ebenso meine Freunde, meine Gedanken, meine positiven Qualitäten und Stärken gehören zu mir. Selbst wenn ich auf der Bühne die Sprache verliere, ein Blackout habe, mein Gewand bekleckert ist oder die Technik versagt.

Es war für mich sehr hilfreich zu erkennen, dass es nicht die *eine* Wahrheit gibt, weder in der Gegenwart, noch in der Rückschau. Wenn vier Personen dieselbe Situation miteinander erleben, so werden sie vier unterschiedliche Berichte darüber geben und sie werden die Geschehnisse unterschiedlich interpretieren. Meine eigene Geschichte kann ich also im Rückblick auch neu interpretieren, indem ich die Perspektive wechsle. Es tut mir gut, großzügig und mitfühlend auf alle Personen zu blicken, die mir jemals das Gefühl gegeben haben, nicht gut genug zu sein. Ich bin mir heute sicher, die meisten Menschen wollten das nicht. Es ist aus Versehen passiert. Hand aufs Herz –

das kann uns allen passieren. Ein unbedachtes Wort, eine schnelle Reaktion genügen.

Bei der Rückschau lauert die Gefahr der Reue. Darum beschließe ich persönlich schon *vor* einer Rückschau, nichts zu bereuen. Ich entscheide mich für die innere Haltung des *mitfühlenden Beobachters*. Das bedeutet, ich habe Mitgefühl mit mir und allen anderen. Aus dieser Haltung heraus bleibe ich gelassen. So kann ich aus der Vergangenheit lernen, mich mit ihr aussöhnen, mit frischer Energie in der Gegenwart ankommen und in die Zukunft schauen.

Versagensangst löse ich am besten auf, indem ich ein *stimmiges Ziel* wähle und für die Erreichung einen *realistischen, großzügigen Zeitrahmen* setze. Dann mache ich mir einen Schritt-für-Schritt-Plan. Jede erreichte Etappe wird gefeiert. Ich mache mir auf diesem Weg immer wieder bewusst, dass mir nichts passieren kann, so lange ich nicht ohne Fallschirm aus dem Flieger springe. Ich halte mich sozusagen an mir selbst fest, ich gebe mir selbst die innere Stabilität, diesen Weg zu gehen und durchzuhalten. Die Übung *An die Zukunft erinnern* (s. unten) hilft mir dabei.

Manchmal, wenn ich strauchle oder an mir zweifle, erinnern mich meine Freunde an das, was mein Herz zum Singen bringt. An meinen Zweck der Existenz, an meine Mission, an meine Berufung. Sie ermutigen mich, weil sie unerschütterlich an mich glauben. Es ist ein Segen, solche Menschen an der Seite zu haben!

Ich fasse zusammen:

Versagensangst kommt aus der Vergangenheit. Sie ist nicht neu, sie bringt mir gar nichts Positives ins Leben, sie tut mir in keiner Hinsicht gut. Gleichzeitig könnte sie ein Hinweis sein, dass ich mich in meiner Zielsetzung und in meiner Zeitplanung überfordere. Daher prüfe ich im Falle von Versagensangst diese zwei Faktoren:

- Ist mein Ziel stimmig?
- Sind meine Strategie und der Zeitrahmen stimmig?

Übung
An die Zukunft erinnern

Ich drehe mit Hilfe meiner Vorstellungskraft einen Film. Ich bin verantwortlich für Drehbuch und Regie.

Ich sehe mich am Ziel angekommen. Freudvoll, erfüllt, charismatisch. Ich lasse die davon ausgelösten positiven Gefühle groß werden und genieße diesen Zustand. Dies wiederhole ich 21 Tage lang.

Was ich gefühlt habe, kann ich jederzeit in Sekundenschnelle wieder abrufen. Sollte jemals wieder ein Hauch von Versagensangst mich streifen, so rufe ich also die Erinnerung an die Zielerreichung ab.

Perfektionismus

Oftmals ist es die eigene Erwartungshaltung, die wir gar nie erfüllen könnten, weil sie maßlos überzogen ist. Wir überfordern uns selbst, um uns dann wieder selbst die berühmten vier Worte zu sagen: *Ich schaffe das nicht*. So wiederholen wir die Aussage eines Elternteiles, eines Lehrers oder einer Prägungsperson aus unseren frühen Lebensjahren.

Mir half die Frage: Wer hat mir das Unmögliche abverlangt oder mich bestraft, wenn ich etwas nicht zu hundert Prozent geschafft habe? Wer hat nicht an mich und meine Ziele oder Träume geglaubt? Mit dieser Person mache ich meinen Frieden. Hand aufs Herz – sehr oft muss ich hier meinen Frieden mit mir selbst machen! Wer auch immer es war: Dieser Mensch wusste es damals einfach nicht besser.

Die gute Nachricht: Sie haben gewiss schon Großartiges erreicht! Würdigen und feiern Sie Ihre bisherigen Erfolge? Perfektionisten und Streber stecken sich wesentlich zu hohe Ziele, erreichen diese zu 80 Prozent und sind mit sich unzufrieden. Die anderen stecken sich realistische und kleine Ziele, erreichen sie zu 100 Prozent und sind glücklich.

Wer hat mehr erreicht?

In der Außenwirkung hat der Perfektionist mehr erreicht (siehe Grafik unten), in der Innenwirkung (Zufriedenheit) nicht.

Grafisch sieht das so aus:

Perfektionisten:

Die Anderen:

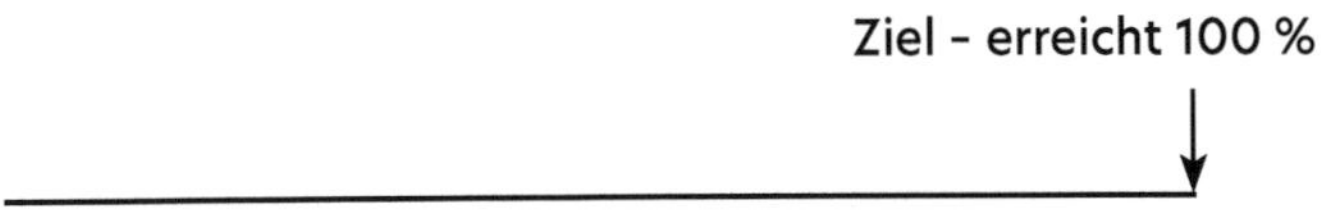

Ohne die Perfektionisten dieser Welt kämen wir also nicht so flott weiter.

Übung Kooperation mit dem Perfektionisten:

Ich ziehe mich zurück und entspanne mich.

Ich lasse meinen Torwächter – den inneren Perfektionisten – zu einem Bild, zu einer Persönlichkeit werden. Ich blicke genau hin. Ich blicke voller Wertschätzung und Liebe auf ihn. Ich weiß: Er gehört zu meinem inneren Team.

Ich führe ein wertschätzendes inneres Gespräch und erkläre dem Torwächter, dass wir *beide* glücklich werden, wenn wir das Ziel gemeinsam neu und realistisch definieren und die Rahmenbedingen für die hundertprozentige Zielerreichung klug abstecken.

Gemeinsam mit dem Perfektionismus prüfe ich, was es braucht: mehr Zeit, mehr Unterstützung durch Profis und Gehilfen, mehr Pausen, mehr Spaß. Wir stecken also den Rahmen gemeinsam so ab, dass wir uns beide damit wohlfühlen.

Und noch ein letzter Tipp aus meiner eigenen Erfahrung (ja, auch ich kenne Perfektionismus): Lassen Sie sich nicht becircen, das Ziel höher zu stecken, wenn Sie am Weg zur Zielerreichung über 80 Prozent sind. Das wird der innere Perfektionist dann nämlich versuchen ... einfach so, aus Gewohnheit! Wissen Sie, was ich dann mache? Ich gehe mit ihm auf ein Bier.

Neid vs. Missgunst

Dieses Thema möchte ich gerne anhand meiner persönlichen Erfahrung veranschaulichen: Jahrelang habe ich behauptet, Neid nur als Kind erlebt zu haben und seither nicht mehr zu kennen. Dann, mit 33 Jahren, erlebte ich dieses Gefühl wieder. Das war nicht schön! Heute bin ich für diese Erfahrung dankbar, sonst könnte ich das Gefühl überhaupt nicht verstehen.

In meinem Fall war es Neid auf Freiheit.

Unser Sohn war noch ein Kleinkind, und naturgemäß entwickelte sich eine Freundschaft zu einer Frau mit einem fast gleichaltrigen Sohn. Wir verbrachten viel Zeit mitsammen. Sie hatte stets die Möglichkeit, ihr Kind bei Familienangehörigen betreuen zu lassen. Sie ging aus, sie machte allein Urlaub und verreiste für Fortbildungen. Doch in der Familie, in die ich als Zugereiste hineingekommen war, lief das ganz anders, eher patriarchalisch, wie in vielen Tiroler Tälern. Die Mutter hatte beim Kind zu sein. Niemand erklärte sich bereit, unseren Sohn auch nur für ein paar Stunden zu beaufsichtigen.

Da ich mein Leben lang ein unternehmungslustiger und freiheitsliebender Mensch war, ging ich wahrlich durch die Hölle. Ich war so neidisch auf meine Freundin, dass ich es bis heute kaum in Worte fassen kann. Ich litt vor mich hin. Das drückte sehr auf unsere Freundschaft. Eines Tages, als mein Leiden mich zu stark negativen Gedanken über meine Freundin verleitete, ging ich in mich. Ich brauchte ungewöhnlich lange, um in meine innere Stille zu finden. Viele emotionale und gedankliche Wellen hatte ich zu durchleben, bis mein Körper und mein Geist sich entspannen konnten. Ich stellte mir die Frage: *Vergönne ich es meiner Freundin, dass sie so frei ist?* Die Antwort war ein klares *JA*. Mit einem tiefen Seufzer beendete ich meinen Leidenszustand. Dann konnte ich endlich wieder mein Herz öffnen und all das Schöne, das Nährende und Liebenswerte dieser Freundschaft fühlen. Mir kamen die Tränen bei der Erkenntnis, dass ich fast diese Freundschaft aufs Spiel gesetzt hätte, weil ich so neidisch auf sie war. Doch sie tat das ja nicht aus Boshaftigkeit – sie hatte schlicht andere Möglichkeiten als ich. So rief ich sie an und erzählte ihr, dass ich zutiefst neidisch auf ihre Situation der Kinderbetreuung war, und dass ich mich ehrlich mit ihr darüber freue. Ich sagte ihr, dass ich sehr darunter leide, dass ich nicht so frei bin. Sie verstand mich und erwiderte, dass es ja ganz normal sei, Neid zu empfinden.

Bei unserem nächsten Treffen hatten wir ein sehr schönes Gespräch über Neid. Wir kamen zu der Erkenntnis:

Neid ist ganz normal. Es ist ein zutiefst menschliches Gefühl. Es bedeutet lediglich: Ich hätte das auch gerne, was du hast – gleichzeitig freue ich mich für dich.

Missgunst ist etwas ganz anderes: Man vergönnt dem anderen nicht, was man selbst nicht haben kann.

Missgunst zerstört alles! Die menschliche Energie, das Befinden, Freundschaften und Beziehungen. Und natürlich auch die Ausstrahlung. Haben Sie schon einmal einen missgünstigen Menschen erlebt, der eine schöne, anziehende Ausstrahlung hat? Ich nicht.

Das Wichtigste, das ich über Neid aus heutiger Sicht sagen kann, ist:

Wenn ich Neid empfinde, so akzeptiere ich dieses Gefühl ebenso wie die Tatsache, dass ich nicht immer alles haben kann. Ich mache mir bewusst, für wie vieles in meinem Leben ich dankbar bin. Auch ich werde manchmal beneidet. Somit ist der Neid entkräftet, hat keine Macht über mich oder über meine Beziehungen und ist somit nicht schädlich.

Neid passiert uns Menschen also. Ein Gespräch mit der beneideten Person, umgekehrt auch mit einer neidischen Person, kann die Situation sofort wieder entschärfen und Frieden schaffen.

Rachsucht: das Bedürfnis nach Vergeltung oder Genugtuung

Das Bedürfnis nach Genugtuung ist für mich persönlich die abgeschwächte Form der Rachsucht. Rachsucht hat schon etwas von Besessenheit, von Zwangsverhalten – schließlich steckt ja *Sucht* in Rachsucht.

Ich kenne beides.

Hinter diesen Torwächtern stecken aus meiner Erfahrung sehr schwere Verletzungen. Ich weiß nicht, ob man es alleine schafft, diese zu heilen. Auf meinem Weg finden sich mehrere Begleiter, die ich über Jahre immer wieder besuchte, um die Rachsucht und später das Bedürfnis nach Genugtuung abzulegen.

> *Die Auster macht aus dem Fremdkörper eine Perle.*

Das hat meine Mentorin Rita immer wieder gesagt. Dieser Satz hat etwas in mir verursacht. Schließlich war meine Strategie immer der *Gegenangriff* gewesen.

Rita glaubt unerschütterlich daran, ja sie *weiß*, dass jeder Mensch Schätze aus Wunden heben kann, wenn er es nur möchte. Dank ihrer Weisheit und des damit verbundenen unerschütterlichen Vertrauens in mich, in das Gute in mir, kann ich heute sagen: Ja! Das stimmt!

Mich hat die Rachsucht zur Planerin, zur Strategin gemacht. Planen, voraus-denken, Strategien entwickeln lag ursprünglich nicht in meiner Natur. Heute kann ich diese erlernte Fähigkeit für wertvolle, für *gute* Pläne nutzen, und dafür bin ich wirklich sehr dankbar.

Was auch hilfreich war, meine Rachsucht abzulegen, war eine Erkenntnis über das Leben. Zumindest über das Leben hier im deutschsprachigen Raum. Tatsächlich erlebte ich über die Jahrzehnte immer wieder dasselbe: Nichts geht in dieser Welt verloren. Alles, das du denkst und tust, kehrt auf wundersame Weise zu dir zurück. Jeder bezahlt irgendwann seine Rechnungen – und jeder erhält irgendwann für sein liebevolles Sein und Tun den Lohn. In anderen Worten: Auf lange Sicht ist das Leben gerecht.

Eine vielleicht waghalsige Aussage, mit der ich gewiss niemanden beleidigen oder vor den Kopf stoßen möchte.

Fantasie vs. eingeschränkte oder blockierte Vorstellungskraft

Träum nicht schon wieder herum. Wer kennt diesen Satz nicht?

Hierzu möchte ich Ihnen mit einer Erzählung über meine vier Jahre ältere Schwester veranschaulichen, wie essentiell Fantasie für die Lebensqualität sein kann: Sie wurde mit der oben genannten Aufforderung immer wieder einmal konfrontiert und Gott sei Dank ließ sie sich nie wirklich davon abbringen. Margot Blaschke oder Ginko, wie ich sie nenne, arbeitet heutzutage als Intuitions- und Bewusstseinstrainerin. Ich hatte das Glück, in meiner Kindheit viel von der Fantasie meiner Schwester mitzubekommen. In vielen Situationen konnte sie dank ihrer Vorstellungskraft und ihrem sechsten Sinn vieles in die richtigen Bahnen lenken.

Wir können nicht immer alles wissen, aber im tiefsten Inneren fühlen wir, wozu wir *JA* sagen und von welchen Themen wir besser die Finger lassen sollen. Ich bin mir sicher, dass Sie das schon erlebt haben.

Auch ich kenne das Gefühl, wenn man auf gewissen Widerstand und Zurückweisung stößt. Zumindest habe ich das bei meiner Schwester deutlich miterleben dürfen. Sie begann ab einem gewissen Alter ihre fantasiereiche Bildwelt nur mehr mit mir zu teilen und machte aus ihrem Interesse und ihrer Fähigkeit ein Geheimnis. Nach vielen Rügen und Rückschlägen von allen Seiten kam es dann schließlich so weit, dass sich Ginko davon abkapselte und sich selbst verbot, ihre Bilder zu sehen. Zusehends verschwand ihre kraftvolle Energie. Sie verlor über mehrere Jahre ihre Stärke, für sich selbst einzustehen. Und sie verkümmerte förmlich, weil sie anderen Menschen nicht im gewohnten Ausmaß helfen durfte. Erst als sie zu ihren seelischen auch noch psychische Probleme bekam, wusste sie, dass sie sich ihrer Berufung wieder hingeben musste.

Meine Schwester ist zum Helfen geboren. Menschen zu einem besseren Leben zu verhelfen, ist ihr Lebenselixier.

Sie ist magisch, sie ist hellsichtig, sie ist wie ein Medium. Denken Sie aber nun nicht, sie würde immer alles sehen. Vielmehr werden die Bilder von einer höheren Instanz freigegeben – wer oder was das auch immer ist. Und genau dann, wenn es dienlich ist und wenn es der Zeitpunkt erlaubt. Jemand wie Margot Blaschke lebt im vollen Vertrauen auf diese Führung.

Es liegt nun bei Ihnen, ob Sie mit diesem Thema etwas anfangen können. Für mich, meine Schwester und viele andere, denen sie geholfen hat, steht fest, dass das Intuitions- und Bewusstseinstraining für das gesamte Leben eine große Bereicherung darstellt. Im Rahmen von Ginkos Tätigkeit erklärt sie ihren Klienten mit einer logischen Systematik und mit inneren Bildern, wie ein Problem gelöst werden kann und woher es kommt. Ihre Arbeit ist hocheffektiv und in Wahrheit unbezahlbar. Bis heute suchen meine Schwester und ich immer wieder nach den richtigen Worten, damit ihre Gabe die Menschen nicht verschreckt und abstößt. Denn es braucht auch einiges an Selbstvertrauen und Selbstwert, sich hinzustellen und zu sagen: Ich bin hellsichtig.

Mir ist noch wichtig zu erklären, dass die Gabe der Hellwahrnehmung nicht auf Befehl funktioniert und nicht bewusst beeinflussbar ist. Sie ist ein Geschenk, das dem Wohle aller dienen möchte. Wer eine solche Gabe nur einmal manipulativ zum Negativen missbraucht, verliert sie.

Nun zum Torwächter der Fantasielosigkeit:

Jeder Mensch hat Fantasie! Fantasie definiere ich als Vorstellungskraft, als die Kraft aus bereits geistig Vorhandenem etwas Neues im Geiste zu bilden. Ich verbinde damit auch eine gewisse Empfängnisbereitschaft – die Offenheit für Einfälle. Sie ist eine Kraft, die uns weiterbringt, und die uns geistig flexibel, offen und fit hält.

Im Laufe des Erwachsenwerdens schränken wir unsere Vorstellungskraft ein. Es gibt dafür zwei Gründe:

- Wir finden Fantasie unnötig, naiv, kindisch. Sie hat keinen Platz im Leben eines Erwachsenen.

- Wir sind zu beschäftigt, als dass wir Zeit für Imagination hätten.

Vielleicht denken Sie jetzt *Ich habe keine Zeit für Fantasie*. Fallen Sie nicht auf diesen Gedanken herein. Was ist denn der *worst case*, wenn Sie sich als Experiment jeden Tag zwei bis drei Minuten reservieren, um schöne Imaginationen zu entwickeln? Und vor allem: Was ist der *best case*, wenn Sie Ihr Gehirn wieder anregen, Neues zu denken? Wir brauchen neue Ideen, neue Handlungsweisen, neue Produkte – immer und immer wieder.

Meine Erfahrung sagt mir: Nutzen wir unsere Imagination wieder! Sie wird uns weiterbringen. Was wir uns vorstellen können, können wir auch erreichen. Schränken wir uns in unserer Fantasie nicht mehr ein. Spielen wir mit neuen Möglichkeiten. In einem weiteren Schritt prüft man dann seine *Einfälle* – Ideen *fallen herein*, wenn wir offen sind – und bringen das Vorgestellte in eine realistische Planung.

In einem Seminar habe ich gehört: Das Projekt-Team in der Walt Disney Company arbeitet in drei Abteilungen, ergo in drei Phasen. Die erste Abteilung ist die Geburtsstätte neuer Projekte und besteht aus den Träumern *(Dreamer)*. Hier darf und soll grenzenlos fantasiert werden. Danach geht die – oft *phantastische* – Idee weiter zu *Realist* und *Critic*, um sie in eine umsetzbare und ökonomische Form zu bringen. Dies darf uns als Inspiration fürs Experimentieren dienen.

Übung 1 – Gehirntraining für Vorstellungskraft:

Ich stelle mir jeden Tag etwas vor, das ich mir zuvor noch nie vorgestellt hatte. Einen neuen Schmetterling, die Fähigkeit unter Wasser zu atmen, einen Paradiesvogel, mich selbst mit grünen Haaren. Ich sehe mich auf dem Rücken eines Drachen reiten, mit Alice im Wunderland ins Erdloch verschwinden, auf Wolken tanzen – irgendein Bild, das zumindest zu einem Teil neu für mein Gehirn ist. So stärke ich meine Vorstellungskraft.

P.S.:

Haben Sie meine Übung zum Umwandeln der Versagensangst ausprobiert? Auch diese ist eine mentale Übung, bei der Sie Ihre Vorstellungskraft benutzen.

Übung 2 - Fantasiereisen:

Bevor Sie eine Fantasiereise machen, blicken Sie in den Spiegel oder fotografieren Sie sich selbst. Machen Sie dasselbe nach der Fantasiereise und erkennen Sie die Veränderungen (Teint, Ausstrahlung, Augen, Muskeltonus).

Es ist sinnvoll, sich eine fixe Zeit einzuplanen und für das Ende der Übung einen Wecker zu stellen.

Um die Vorstellungskraft zu stärken, beginne ich gerne bei realen Erinnerungen:

Ich sehe mich an einem sehr schönen Ort in der Natur, den ich dereinst besucht habe. Ich lasse mich mit allen Sinnen auf diesen Ort ein. Ich rieche den Duft der Luft, berühre in meiner Vorstellung etwas – einen Stein, eine schöne Pflanze – und finde dort einen wunderbaren Fruchtcocktail, den ich trinke. Ich schmecke das Fruchtaroma. Dann höre ich die angenehmen Naturgeräusche (Wasser, Vogelgezwitscher, Zirpen von Grillen, Brise in den Baumkronen). Nun stelle ich mir etwas Schönes vor, ich lasse eine Geschichte entstehen. Ich bin Regisseur und Hauptdarsteller zugleich.

Ebenso kann ich mental an einen Ort reisen, an dem ich tatsächlich noch nie war, z.B. in eine einsame Bucht irgendwo in der Karibik. Nach dem Aktivieren der Sinne gehe ich in den Palmenhain. Ich finde Hinweise und Inhalte für neue Seminare, tanke frische reine Energie und tauche abschließend eine Runde – natürlich kann ich in meiner Fantasie unter Wasser atmen! Sie auch?

Übung 3: Kontakt mit dem fröhlichen Kind, das ich dereinst war

Sie haben vielleicht schon einmal den Begriff des *Inneren Kindes* gehört. Ich lese und höre laufend, dass wir das *Innere Kind* heilen sollen. Dem stimme ich grundlegend zu, doch es darf nach meiner Erfahrung auch leicht gehen! Wir sind erwachsen. Übernehmen wir die Verantwortung dafür, was wir über unsere Kindheit denken, fühlen und sagen. Was uns verletzt hat, hat uns geprägt – jetzt können wir alles neu betrachten und anders darüber sprechen. Vor allem können wir die Dinge nun anders angehen. Das ist die Superkraft des Erwachsenseins!

Mit dieser Aussage möchte ich Traumata aus der Kindheit nicht abwerten. Wenn Sie schwere Verletzungen erlitten haben, lassen Sie sich bitte begleiten, um diese nachhaltig in Heilung zu bringen. Es funktioniert, wenn Sie mit einem Profi arbeiten und sich wirklich eine Veränderung wünschen. Ihr Fokus ist wesentlich.

Ich empfehle Ihnen, sich an einen *glücklichen* oder *lustigen* Moment in ihrer Kindheit zu erinnern. Vielleicht helfen Ihnen Fotos dabei. Es gibt in Ihrem Körperzellgedächtnis, in Ihrem Unterbewusstsein die Abspeicherung des fröhlichen, unverletzten, neugierigen, fantasievollen Kindes. Mit diesem kraftvollen inneren Kind in Kontakt zu kommen, ist ein Born der Vorstellungskraft und Lebensfreude. Wecken und stärken Sie Ihre Fantasie, unternehmen Sie Reisen mit Ihrem fröhlichen *Inneren Kind*: Tauchen Sie in Atlantis, gehen Sie mit Lucy durch den Kleiderschrank nach Narnia. Fliegen Sie mit Peter Pan oder dem Drachen Fuchur. Besuchen Sie, wen auch immer Sie als Kind kennenlernen wollten.

Erschöpfung, Energielosigkeit

Um langfristig bei guter Energie zu sein, braucht es meines Erachtens die Entwicklung von *Zukunftsliebe*: Ich gestalte meine Zukunft mithilfe meiner Vorstellungskraft so, dass ich Einfluss auf die Erreichung dieser Zukunftsvorstellung nehmen kann und mich auf meine Zukunft freue. Die Freude auf das weitere Leben, die Spannung, die Vorstellung von meiner besten Ich-Version schafft Energie. Mehr darüber in Kapitel 7.

Wenn Sie erschöpft sind, so kann dies mehrere Ursachen haben. Ich gehe nicht auf Sondersituationen wie Krankheit oder enorme Belastungssituationen wie z.B. Pflegefälle ein, ebenso spreche ich nicht über Ernährungsthesen.

Aus meiner Erfahrung sind die Ursachen für Dauererschöpfung:

- Sie haben kein stimmiges Ziel im Bewusstsein, sie arbeiten sich unnötig ab, Ihrem Alltag fehlt der Spaßfaktor und der Reiz.
- Ihrem Geist ist langweilig, Sie beschäftigen ihn mit Routinearbeiten.
- Ihrem Körper ist ebenso langweilig, wenn er nicht immer wieder neue Aufgaben bekommt.
- Sie sind eine HSP (hochsensible Person). Ungefiltert nimmt Ihr System Gefühle, Gedanken, Stimmungen von anderen Menschen auf. Sie wissen das noch nicht oder Sie haben noch keine Methode gefunden, diese Fremdeinflüsse zu neutralisieren und bei sich zu bleiben.
- Sie lassen sich leicht ablenken: durch Anrufe, Social-Media- Kanäle, spontane Besuche.
- Ihr Zeitmanagement braucht ein Update, die Umstände verändern sich stetig und so braucht es auch neue Tagesabläufe und Einteilungen.
- Sie schieben unangenehme Erledigungen auf. Die *Schiebe-Akte* wird immer fetter, sie wird zur Dauerlast.
- Sie tun zu wenig Freudvolles. Oder Sie bringen keine Freude in die Tätigkeiten, die Sie verrichten. Der Blick in die Zukunft bereitet Ihnen Sorge.
- Der Schlaf-Wach-Rhythmus braucht ein Update, Sie arbeiten gegen Ihren aktuellen persönlichen Rhythmus. Denn auch dieser verändert sich im Lauf des Lebens.
- Mangel an klarem Trinkwasser.
- Zu wenig und/oder zu eintönige Bewegung.
- Mangel an Frischluft.

- Sie denken viel Unnötiges und fühlen folglich wenig Schönes.
- Sie nutzen Ihre Vorstellungskraft, Ihre Fantasie kaum oder gar nicht. Sie erlauben sich keine Tagträume.
- Sie machen sich Sorgen.
- Nach-denken, vor-denken. Nichts fühlen. Gefangen sein in Gedanken über die Vergangenheit und über die Zukunft. Die Gegenwart ist ein schwarzes Loch geworden.
- *Friedhöflichkeit:* Sie entsprechen den Ansprüchen anderer, ohne selbst etwas davon zu haben.
- Der Alltag ist langweilig, Ihnen fehlt der Spaßfaktor.

Impulse:

Wo wollen Sie hin, was ist Ihr Fokus? Wenn Sie das nicht wissen, so retten Sie jetzt Ihre Lebensqualität und werden sich darüber klar, was Ihnen Freude bereitet. Machen Sie die Freude wieder zum Norden auf Ihrem Lebenskompass!

Ich beginne beim morgigen Tag. Ich nehme meinen Kalender und sortiere radikal aus. Alles Freudlose, das unbedingt getan werden muss, teile ich mir in den Morgenstunden ein. Wenn viele unbequeme Dinge anstehen, so nehme ich jeden Tag eines davon, einen *Frosch* am Morgen. *Eat the frog first.* Wenn das Unbequeme erledigt ist, fließt reichlich Energie durch Körper und Geist, ich erlebe den restlichen Tag beschwingt und gut gelaunt. Ich bin zudem stolz auf mich, weil ich ein fettes Häkchen neben den unbequemsten Teil der Liste gesetzt habe. Dann sage ich alles ab, was nicht wirklich nötig ist und meinem Fokus nicht dient. Ich bin nicht mehr *friedhöflich.* Ich befreie mich aus alten, unlustigen Gewohnheiten und Verpflichtungen.

Ich mache jeden Abend eine To-Do-Liste für den nächsten Tag. Diese Liste reduziere ich so, dass ich alle 90 Minuten ein *Genusspäuschen* einlegen kann. In dieser kleinen Pause gönne ich mir eine kleine Fantasiereise, einen guten Tee, ein paar tiefe Atemzüge am offenen Fenster, eine wohltuende, neue Bewegung oder einen Mini-Spaziergang. Auch Yoga-Übungen tun gut. (Übrigens können zahlreiche auch im Businesslook praktiziert werden.)

P.S.

Mein Smartphone – und gewiss auch das Ihre! – verfügt über drei wesentliche Funktionen, die mir helfen, meine Energie fokussiert zu halten:

- Abschalten
- Rufumleitung
- Flugmodus

Ratio vs. Intuition

Albert Einstein sagte kurz und bündig: *Intuition ist alles.*

Aber was ist Intuition nun wirklich?

Wenn Sie etwas innerlich wissen, nicht nur ahnen, dann ist Ihre Intuition am Werk. Viele Menschen bezeichnen die Intuition als *Bauchgefühl*. Ich bezeichne sie als *inneres Wissen*. Kein Zweifel meldet sich – außer ich warte zu lange, dann kommt er irgendwann um die Ecke und beginnt zu faseln!

Einige Torwächter verbieten uns, der Intuition zu folgen. Der härteste Gegner der Intuition ist die Vernunft.

Hier ein kleines Beispiel: Sie machen einen Mittagsspaziergang im Park und kommen zu einem schönen, klaren See. Es ist so heiß heute, Ihr Gemüt ist auch etwas erhitzt, Sie hatten Stress. Eine innere Stimme sagt Ihnen: *Spring rein oder häng zumindest die nackten Füße ins kühle Nass. Kühle deine Hände und dein Gesicht im klaren Wasser.*

Und dann kommen sie, die Torwächter, in Form von Gedanken, die in etwa so lauten könnten:

- **der innere Knigge:** *Benimm dich ordentlich, was sollen denn die Leute denken, wenn du hier einfach die Schuhe und Socken ausziehst und am Boden sitzt?*
- **der innere Kritiker:** *Wie alt bist du denn, führ dich nicht so auf, das wirst du schon aushalten.*

- **die Eitelkeit**: *Wenn du dich auf den Boden setzt, wird dein Gewand schmutzig. Wenn du jetzt ins Wasser springst, ist deine Frisur und dein Make-Up zerstört – und du hast dann noch ein Meeting.*

Gewiss fallen Ihnen noch ein paar andere *innere Plappermäuler* ein. All dies läuft in Sekundenbruchteilen ab.

Versetzen Sie sich wirklich in diese Situation und entscheiden Sie: Verweilen Sie am See, kühlen Sie sich ab – oder gehen Sie weiter?

Die Intuition ist unser bester Ratgeber in allen Entscheidungen. Es gibt zahlreiche Übungen, um die Intuition zu stärken.

Was mache ich?

Ich pflege meine Vorstellungskraft. Es gibt für mich viele Wege oder Formen zu meditieren, die mir leichtfallen. Wenn ich innere Bilder entwickle, aktiviere ich meine rechte Gehirnhälfte. Die Ratio sitzt in der linken Gehirnhälfte, die Intuition wird der rechten Hemisphäre zugeordnet.

Meine Erfahrung ist: Wenn die rechte Hemisphäre, also die bildhafte und fantasievolle, im Wachzustand mehr zu tun hat, so wird auch die Intuition stark und klar. Und nebenbei könnte es auch geschehen, dass man ruhiger schläft und morgens erholter aufwacht.

Ich würdige und schätze meinen logischen Verstand – gleichzeitig nehme ich ihn nicht immer ganz ernst!

Angst vor der Öffentlichkeit bzw. vor dem Verlust des Privatlebens

Charisma zieht an. Es schafft sozusagen Fans. Gleich, ob man in der Öffentlichkeit steht oder nicht – als charismatische Persönlichkeit wirkt man wie ein Magnet.

Die Angst vor Bedrängnis versteckt sich gerne im letzten Winkel, sie ist den wenigsten Menschen bewusst. Geht man ihr auf den Grund, so gelangt man zum Thema Selbstwert.

Sie wollen charismatisch sein. Anderenfalls hätten Sie dieses Buch nicht in Ihren Händen.

Charisma macht Ihr Leben leichter, erfolgreicher, schöner, verbundener. Ja, es bringt neue Menschen in Ihr Leben. Die gute Nachricht: Sie ziehen an, wer zu Ihnen passt oder wen Sie gerade für Ihre Entwicklung *brauchen*.

Auch bei dieser Angst ist es hilfreich, die kindlich-unschuldige Offenheit und Neugier wieder in sich zu wecken.

Unter anderem habe ich viele Seminare über die HUNA Philosophie aus Hawaii besucht. Der wichtigste Leitsatz, den ich mir dort mitgenommen habe, lautet *expect the best.* Anstatt sich alle möglichen und unmöglichen Horrorszenarien auszumalen, entwickelt man die schönste Vorstellung für die Zukunft, für ein Projekt, für ein bevorstehendes Gespräch.

Übung Ich erwarte mir das Beste:

Ich sehe und fühle mich selbst im entfalteten Charisma.

Dort setze ich nun mit meiner mentalen Reise an.

Ich erlebe mich in alltäglichen Situationen und lasse meine Intuition mitarbeiten. Es werden viele Bilder entstehen. Wie reagiert mein Umfeld auf mich? Wie benehme ich mich?

Ich genieße die positive Energie, die ich selbst ausstrahle und die mein Umfeld berührt. Ich vertraue darauf, dass ich durch mein bloßes Dasein etwas Gutes tue.

Lassen Sie sich ganz und gar auf die positiven Gefühle ein, die dadurch entstehen. So speichern Sie die neuen Informationen in Ihr Zellgedächtnis ein.

Erlauben Sie dem Leben, Sie zu überraschen. Erwarten Sie sich das Beste!

Folgen, brav sein, Angepasstheit

Benimm dich!

Früher hätte es das nicht gegeben!

Diese und ähnliche Floskeln höre ich bedauerlicherweise heute noch.

Aber was bedeuten sie eigentlich?

Die Österreicher hängen zu einem großen Teil an der *guten alten Zeit*, was auch immer das heißen mag. Manche sehnen sich gar nach der Monarchie zurück. Schon gegen Ende des ersten Lockdowns fiel in den Medien häufig der Begriff des *Comeback Österreichs*. Was, bitteschön, sollte denn zurückkommen? War es vor dem Lockdown so wunderbar, dass wir alles wieder zurückhaben wollten? Die Verherrlichung der Vergangenheit indiziert, dass die Gegenwart und die Zukunft nicht mehr besser werden können. Das macht mir fast Angst, ja es nimmt mir die Luft zum Atmen und es entsetzt mich, so zu denken. Ich bin eine Gegenwarts- und Zukunftsliebende. Und eine Abenteurer- und Forscherseele. Die Zukunft ist für mich spannend und anziehend. Darum kann ich mit diesen Floskeln über Comeback oder über ein gutes Benehmen einfach nichts anfangen, sie schrecken mich ab. Bei allem Mitgefühl.

Wer als Kind dafür – und nur dafür – geliebt wurde, brav zu sein, könnte als Erwachsener an etwas leiden, das eigentlich einer eigenen Diagnose bedürfte: An der Zurückhaltung des wahren Naturells.

Somit schließt sich hier der Kreis zur Natürlichkeit.

Die wesentlichen Fragen lauten:

Wer bin ich wirklich? Wo benehme ich mich angepasst, wann bin ich verhalten und unfrei?

Das Folgen, die Angepasstheit orientiert sich an Normen, die wir nicht selbst gegründet haben. Die Etikette hat doch immer einen ururalten Vorlauf, eine sozialgeschichtliche Entwicklung durchgemacht. Meiner Meinung nach hinkt sie dem Zeitgeist immer hintennach. Der Zeitgeist ist lebendig. Das Leben will uns heben, weiten (wie Hermann Hesse so schön schreibt).

Finden Sie heraus, wo Sie sich zurückhalten. Natürlich halte ich nicht viel davon, dass man andere verletzt, weil man selbst gerade wütend ist. Machen Sie etwas Gutes aus den Energien, die sich in Ihnen bewegen. Emotion ist Energie in Bewegung. Wut ist ein wunderbares Beispiel, denn sie verursacht einen enormen Energieschub.

In der Meditation bekommt man einen Einblick in und ein Gefühl für das *Mögliche*. Es zu formen, zu leben und in ein Wohlgefühl zu bringen, liegt in unseren Händen!

KAPITEL 12: DER UMGANG MIT SCHWIERIGEN MENSCHEN

Dieses Kapitel bedarf einer grundlegenden Frage: Gibt es schwierige Menschen?

Die Umkehrfrage lautet: Sind Sie schwierig? Wenn *JA*: Was genau an Ihrer Person bewerten Sie als schwierig?

Ja, natürlich, ich treffe Menschen, die ich als schwierig empfinde.

Sobald ich die Zeit dafür finde – spätestens aber bei meinem Clearing am Abend – blicke ich genauer hin und frage mich, ob diese Person mich an mich selbst erinnert, also an etwas, das ich an mir ablehne.

Wenn die Antwort ein *JA* ist, so wende ich meine *Beste-Freunde-Methode* an (siehe Kapitel 10 Punkt 7). Ich akzeptiere und schätze mich als Gesamtpaket – inklusive meiner Macken, Ecken und Kanten. Dann sage ich innerlich *Genau wie ich, strebt diese Person nach Liebe und Wertschätzung. Genau wie ich …* Die Zauberformel *Genau wie ich* ergänze ich je nach Situation.

Wenn ich hinter dem *JA* einen *schlafenden Hund* spüre, also etwas, das ich an mir selbst so ganz und gar nicht akzeptieren kann, so arbeite ich daran – mit oder ohne Coach.

Wenn die Antwort ein Nein ist, so hilft mir das Wissen über mein Nichtwissen: Die Geschichten der von mir als schwierig empfundenen Person sind mir fremd. Ich weiß nicht, warum dieser Mensch sich so benimmt. Aber ich weiß, dass die Person stets ihr Bestes gibt. Genau wie ich.

Für mich hat sich das *stille Dableiben* oftmals bewährt. In der Situation nicht in Resonanz zu gehen, sondern einfach dazubleiben, vielleicht auch keine

Antwort zu haben. Das hält die Energie hoch. Wenn ein Mensch urteilsfrei dableibt, so stabilisiert er den Raum.

Dableiben ohne zu urteilen, also Stabilität geben, wirkt sich positiv auf alle Personen im Raum aus. Natürlich setzt dies Bewusstheit und Selbstführung voraus.

Ich achte sehr darauf, präsent zu sein und zu bleiben. Damit bin ich manchmal ganz schön beschäftigt!

KAPITEL 13:
DER UMGANG MIT VERLETZUNGEN

Wurden Sie jemals verletzt? *Ja*, natürlich! Jeder Mensch hat Wunden. Und es kommen neue hinzu.

Erinnern Sie sich an meine Erzählung zum Thema Rachsucht. Aus unseren Verletzungen können wir Perlen machen, Schätze heben. Jede Verletzung, die wir überleben, kann uns entweder einschränken oder stärker machen. Was eine Einschränkung und was eine Stärke ist, unterscheide ich so:

Die Folgen von eingeschränktem Handeln:

Atem: Er wird flacher, er hat also weniger Volumen und eine kürzere Atemzugsdauer. Es wird kaum oder keine Atempause gesetzt und die Bewegung findet nur im Schlüsselbein-Brustbereich statt.

Körpergefühl: Enge, Energiestau oder Anspannung sind klare Anzeichen. Es dominiert jedenfalls ein *unangenehmes Körpergefühl.*

Die Folgen von starkem Handeln:

Atem: Er fließt frei.

Körper: Entspannung v.a. im Schulter-Nacken-Bereich und Bauch ist spürbar. Man empfindet *innere Weite*, eine Harmonie. Es herrscht jedenfalls ein *Wohlgefühl.*

Ich unterscheide in diesem Kapitel drei Arten von Verletzungen, nämlich

- jene aus *traumatischen* Situationen
- die *anderen (kleineren)*
- *und die zukünftigen* Verletzungen.

Auf alle drei haben wir einen Einfluss.

Bei ersteren – *Traumata* – ist eine Therapie meines Erachtens nötig und hilfreich.

Bei den *anderen* Verletzungen liegt es an uns, was wir nun im Rückblick daraus machen, aus welcher Perspektive wir sie ansehen und wie wir damit umgehen. Hier sind auch Meditation, Yoga und Coachingtermine sehr hilfreich.

Und dann das Spezialthema: Die zukünftigen Verletzungen

Einerseits sind diese spannend, weil sie unser jetziges Handeln beeinflussen. Wir haben Angst vor Verletzung, wir wollen sie vermeiden.

De facto können Sie durch Selbsterkenntnis und persönliches Wachstum ein neues Ich erleben! Ein Ich, das neu handelt und alte Angst in Gelassenheit verwandelt. Sie haben die Wahl, offen ins Leben zu gehen – fehlerbereit und mit der Stärke zu wissen, dass Sie mit Verletzungen gut umgehen können. Je gelassener Sie Ihre Ego-Reaktionen beobachten, umso weniger nehmen Sie diese ernst. Sie stehen über den Dingen. Am Weg dorthin fühlen Sie immer wieder mal eine Resonanz – doch Sie lösen sich von der unbewussten Reaktion. Sie kreieren Ihre Persönlichkeit so, dass Sie sich damit gut fühlen!

Gleichzeitig – Hand aufs Herz – ich glaube nicht an Unverletzlichkeit. Nicht bei psychisch gesunden Menschen.

Dazu habe ich eine schöne Geschichte:

> *Mein Name Sigrid wurde von meiner Mutter nach dem Drachentöter Siegfried (Nibelungenlied) gewählt. Siegfried hatte den Drachen getötet. Er badete daraufhin im Drachenblut, das ihn unverwundbar machen sollte, als ein Lindenblatt zwischen seine Schulterblätter fiel. Diese eine*

> *kleine Stelle, die während des Bades verdeckt gewesen war, wurde ihm letztendlich zum Verhängnis.*

Diese Siegfried-Sage zeigt für mich zum Thema Verletzlichkeit etwas Wesentliches auf:

> *Wir können noch so stark sein, noch so viele Drachen töten und noch so viele Bäder im Drachenblut nehmen – sprich, uns Abwehrmechanismen und Schutzmuster zulegen – wie wir wollen. Wir werden immer wunde Punkte haben, wir werden immer wieder verletzt werden. In letzter Konsequenz bleiben wir verwundbar und sterblich.*

Der wunde Punkt

Niemand von uns hat im Drachenblut gebadet. Hätten wir es getan, so hätten gewiss mehrere Lindenblätter unseren Körper bedeckt, damit wir verletzbar und somit menschlich bleiben.

Menschen haben viele wunde Punkte. Und jeder Mensch, so wie auch jeder wunde Punkt hat eine Geschichte.

Doch müssen wir an den Geschichten festhalten? Zugegeben, sie sind real. Trotzdem sind sie alt! Ich behaupte: Der Mensch ist erstens so viel mehr und zweitens so viel stärker als seine Vergangenheit. Sonst hätten Sie und ich nicht überlebt. Sonst hätte die Menschheit nicht überlebt.

Es gibt für mich zwei Möglichkeiten, unsere *inneren Schätze* zu heben, Verletzungen nicht mehr in uns wüten zu lassen und ihnen keine Macht mehr über unser Handeln zu geben:

1. Aufarbeitung von Traumata mit Therapie

2. Überprüfen der Identifikation: Neue Perspektive, Aufarbeitung

3. Neues Denken – neues Handeln – neues Fühlen

Für mich persönlich ist nach 19 Jahren, in denen ich mich mit Heilung alter Wunden und Schmerzen auf allen Ebenen beschäftigte, ganz klar:

Eine Therapie hilft! Gleichzeitig ist sie *nicht immer* oder nicht für jede *Story* nötig.

Bei *Traumata* lassen Sie sich von Profis begleiten. Bei den *anderen*, bei den vielen kleinen Wunden – Kränkungen und ähnlichem – schaffen Sie die Überwindung allein, wenn Sie es wirklich möchten.

Mein Umgang mit den anderen (kleineren) Verletzungen:

Die Frage ist, ob Sie Ihre alten Verletzungen, vor allem aber deren Folgen wirklich loswerden wollen. Oft sehe ich, dass Menschen kein Bedürfnis haben, in Zukunft anders zu reagieren, ihre Schmerzerinnerung fürderhin nicht mehr in unbewusstem, reaktivem Verhalten gipfeln zu lassen. Sie haben offenbar Interesse daran, in Ihrer Persönlichkeit zu wachsen, denn Sie lesen dieses Kapitel.

Sind Sie bereit, einen Strich unter die Rechnung zu ziehen? Alten Ballast in Schätze umzuwandeln? Neugierig und gerne in die Zukunft zu blicken, sich selbst zu überraschen?

Überprüfen der Identifikation

Wer bin ich? Dies ist eine der großen Fragen, die wir uns im Laufe des Lebens immer wieder stellen dürfen.

Wer bin ich – hinter all meinen Masken, reaktiven Mustern und Glaubenssätzen?

Im Laufe der Jahre legen wir uns all das zu. Unser Charakter entwickelt sich in den ersten Lebensjahren aus dem *kindlichen Reagieren* auf die Geschehnisse, auf die Familiensituation, auf das Leben. Wenn man sich klar macht, dass der Mensch sich sehr viele Strategien und Verhaltensweisen bereits vor dem 7. Lebensjahr zulegt, also mit den Denk- und Handlungsmöglichkeiten eines Kindes, so ist meine logische Schlussfolgerung: Wir sollten immer wieder prüfen, ob all dies heute, für uns als erwachsene Person, noch stimmig ist.

Ich verweise hier nochmals auf meine Erklärung zu den Begriffen *Einschränkung* und *Stärke*. In diesem Passus möchte ich Stärke gerne auch mit Authentizität bzw. Echtheit betiteln. Eingeschränkt zu handeln bedeutet, in einem alten Muster zu handeln. Es fühlt sich nicht mehr gut an. Hingegen stark, authentisch und echt zu handeln bedeutet, aus dem *heutigen, erwachsenen* Selbst heraus zu handeln, also nicht aus dem Kindheits-Ego. Das fühlt sich zwar manchmal vielleicht ungewohnt an, weil es *neu* ist. Doch im Nachlauf fühlen wir uns meistens besser.

Probieren Sie ein neues Handeln aus. Seien Sie mutig. So geschieht Veränderung: indem wir etwas *anders* tun als bisher.

Wir können nicht verlieren. Wir können nur lernen oder siegen.

Wenn Sie wirklich erkannt haben, wer Sie sind, wie stark Sie sind und was Sie alles können, so machen Sie Ihren Frieden mit den alten Geschichten. Legen Sie den Rucksack ab, holen Sie die Schätze heraus und gehen Sie erhobenen Hauptes weiter. Experimentieren Sie, probieren Sie aus, wer und wie Sie sein können.

Was ich verstehe, kann ich verzeihen

Welche alten Geschichten tun bis heute weh, wenn ich daran denke oder sie erzähle? Ich betrachte diese Situationen von allen Seiten, auch aus der Perspektive der Person, die mich verletzt hat. Vielleicht war das Verletzen damals gar keine Absicht. Sehr oft hilft ein Gespräch, in welchem ich der anderen Person ohne Vorwurf erzähle, wie ich die Situation damals erlebt und interpretiert habe. Warum fühlte ich mich verletzt? Ich erkläre, wie sich das für mich angefühlt hat. Danach gebe ich Zeit und Raum, damit auch die andere Person ihre Sicht erzählt und erklärt.

Im Zuge solcher Gespräche wurde mir eines ganz klar: Ich hatte die andere Person falsch verstanden, ich hatte vieles falsch interpretiert! Durch das Verstehen geschah viel Schönes: Heilung, Versöhnung und Hinwendung.

Es hilft sogar, dieses Gespräch in der *Vorstellung* zu führen und sich fühlend in die andere Person hineinzuversetzen. *JA*! Sie können, wenn Sie sich einlassen, fühlen, was Ihr Gegenüber damals dazu bewogen hat, so zu handeln. Auf einer tieferen oder höheren Ebene sind wir alle miteinander verquickt.

Da ich ein gegenwarts- und zukunftsliebender Mensch bin, möchte ich nicht mehr zahlreiche Stunden meiner Lebenszeit damit verbringen, meine Vergangenheit aufzuarbeiten. Irgendwann habe ich festgestellt: Damit werde ich ja nie fertig, weil ständig noch was dazukommt, das dann auch wieder Vergangenheit ist.

Ich möchte mein Leben gestalten. Dazu braucht es die Erkenntnis darüber, wohin ich möchte und wer ich wirklich bin. Die Antwort ist für mich immer dieselbe: Ich bin mehr, als ich mir vorstellen kann. Das Gefühl, dass alles gut wird, dass das Leben mich positiv überraschen wird, begleitet mich seit langem. Damit bin ich wohl – wie einmal in einem Feedback zu meiner Tätigkeit als Yoga-, Bewusstseins- und Intuitionstrainerin geschrieben wurde – *immer einen Tick glücklicher als viele andere Menschen.*

Wenn Resonanzen sich verflüchtigen

Je mehr alte Verletzungen ich auflöse, umso sicherer darf ich mich in einer Hinsicht fühlen: Dieser eine Punkt ist verheilt. Zu dem überwundenen, versöhnten Thema empfinde ich künftig wenig bis keine Resonanz.

Verletzungen in der Zukunft

Meine Kommunikation veränderte sich durch die neue Perspektive. Ich kommuniziere heute sehr viel klarer und bedachter als in jungen Jahren, da mir mehr und mehr klar wurde, wie viel Interpretation in Verletzungen steckt. Vor allem wurde mir bewusst, dass ein Konflikt oft deshalb entsteht, weil eine bloße Aussage oder eine bloße Handlung einer anderen Person eine meiner alten Verletzungen wieder anrührt: Weil es eine Resonanz in mir gibt, die aus der Vergangenheit kommt. Und ich hänge nicht an der Vergangenheit! Ich bin zur Einsicht gekommen, dass es stinklangweilig ist, immer bei den gleichen Themen auf die gleichen Auslöser verletzt zu reagieren! Wenn ich etwas nicht mehr wollte und will, dann sind es schwelende Konflikte, Zeitbomben, subtile Aggressivität. Dafür möchte ich weder Zeit noch Energie aufwenden!

Heute gehe ich mit heiklen, verletzungsbehafteten Situationen so um:

> *Ich bemerke, dass mich etwas trifft. Ich ziehe mich entweder in mich zurück, oder ich verlasse sogar den Raum. Mehrmals atme ich tief durch, um mein Gewahrsein ganz in meinen Körper zu führen. Ich stelle mir selbst die Frage: Warum reagiere ich so? Erinnert mich diese Situation an eine alte Wunde?*

Wenn ich keine Antwort finde oder ich die Situation nicht selbst in Frieden bringen kann, frage ich bei nächster Gelegenheit die auslösende Person, wie die Aussage oder Handlung gemeint gewesen war. So kann ich für mich herausfinden, ob das etwas mit meiner Wahrnehmung in der Situation zu tun hatte oder von meinem Gegenüber indirekt als Kritik auf mich abgezielt war.

Ich beobachte auch an mir, dass ich sehr viel mehr Abstand – im positiven Sinn – und Mitgefühl sowie Respekt entwickelt habe.

Gewohntes Umfeld vs. neues Umfeld

Seit März 2020 habe ich mich, wenn es gerade gesetzlich erlaubt war, ausschließlich mit meinen engsten Freunden getroffen. Nun, 2021, war ich – nach 18 Monaten Pause – drei Mal in größeren Gesellschaften. Nach zwei Lockdowns war dies sehr ungewohnt und auch eine Herausforderung für mich.

Es wurde in kurzer Zeit rund um mich viel kommuniziert und reagiert. Großteils beobachtete ich die Szenerie und gab wenig von mir, da ich bemerkte, dass mir das zu schnell, zu viel ist. Mehrere Aussagen und Reaktionen, die ich nicht nachvollziehen konnte, irritierten mich kurzfristig. Nach zwei, drei tieferen Atemzügen war es auch gleich wieder gut. Mir ist heutzutage einfach klar: Ich kann die Geschichten neuer Menschen nicht kennen, und ich muss es auch nicht. Was ich möchte, ist, da zu sein, hinzuhören, mitfühlen und zu lernen. Oftmals ist Schweigen und Atmen, Mitfühlend-Dableiben ein Geschenk.

Ich weiß, früher hätten einige dieser Situationen ganze Kaskaden an Gedanken und Gefühlen in mir ausgelöst. Vieles hätte ich auf mich bezogen, also persönlich genommen. Ja, ich war dereinst eine Dramaqueen, ich stehe dazu.

Gerade deswegen ist es mir so wichtig, mich mit *neuen* Menschen zu umgeben, immer wieder ein Teil *neuer* Gruppen zu sein: Um mich zu beobachten, wie ich damit umgehe. Um wieder und wieder mit neuen Perspektiven konfrontiert zu werden. Um weiter zu wachsen.

In meinem Freundeskreis fühle ich mich geborgen. Hier geschieht selten eine unangenehme oder gar konfliktbehaftete Resonanz. Wir kennen die meisten unserer Stories, deswegen begegnen wir einander liebevoll, humorvoll und großzügig. Wir sind Vertraute. Das soll nicht heißen, dass meine Freunde und ich einander *friedhöflich* schonen. Feedback gibt es auf ehrlichste Art und Weise.

Fazit

In einem neuen Umfeld kann ich erproben, wo ich in meiner Entwicklung stehe.

Meine Freunde geben mir stets grundehrliches Feedback.

Beide Begegnungsfelder sind für mich persönlich wichtig, um zu wachsen, um mich zu entwickeln.

> *Jeder Mensch gibt immer sein Bestmögliches.*

Wenn ich von dieser Wahrheit ausgehe, nehme ich wesentlich weniger persönlich. Wie gesagt, ich glaube nicht an Unverletzlichkeit. Mit dieser inneren Haltung – dass jeder Mensch in jeder Situation eben bestmöglich handelt – begegne ich meinem Umfeld freundlich, mitfühlend und respektvoll. Ich erlebe markant weniger verletzende oder unangenehme Situationen.

Von der Reaktion zur Kreation

Ist Ihnen schon einmal aufgefallen, dass die Wörter *Kreation* und *Reaktion* aus denselben Buchstaben bestehen und sich lediglich die Anordnung der Buchstaben ändert? Mich fasziniert das immer wieder!

Wenn wir beginnen, aus der unbewussten Reaktion in die erwachsene oder bewusste Kreation zu gehen, sind wir oft nicht sicher, wie wir antworten wollen. Manchmal nicht zu wissen, wie man reagieren soll, ist in Ordnung. Das empfinde ich sogar als einen wesentlichen Indikator, dass wir es ernst meinen mit dem persönlichen Wachstum!

Ich verschaffe mir gerne Zeit, wenn ich gerade nicht weiß, wie ich stimmig reagieren kann. Dann sage ich Sätze wie: *Ich möchte darüber in Ruhe nachdenken. Ich habe jetzt keine Antwort, die sich richtig anfühlt. Ich melde mich morgen.*

Was tue ich in verletzungsträchtigen Situationen:

Innerlich stopp sagen. Atmen. Notfalls kurz den Raum oder die Situation verlassen. Fühlen statt Denken. Das Denken und Fühlen beobachten, die Helikopterperspektive einnehmen.

Mich selbst in dieser Situation von außen sehen. Regisseur spielen. Die Szene innerlich so oft neu erfinden, neu drehen, bis ich ein stimmiges Verhalten gefunden habe.

Entfalten Sie Ihr Charisma. Bleiben Sie dran.

Ich bedanke mich herzlich bei Ihnen, dass Sie sich auf dieses Abenteuer eingelassen haben. Wie bereits erwähnt, erfordert es viel Mut, sich gewissen Themen zu stellen. Ich hoffe, Sie konnten wertvolle Tipps für sich mitnehmen und sich bereits in dem einen oder anderen Punkt neu entdecken. Vielleicht war es Ihnen auch möglich, anhand meiner Einblicke in mein Leben und meinen familiären Kontext auch Ihr Umfeld mit neuen Augen zu betrachten und neu zu fühlen.

Nehmen Sie sich die Fragen und die verschiedenen Übungen zu Herzen. Denken Sie daran, dass ein Training auf allen Ebenen wichtig für Ihren Charisma-Prozess ist. Auf mentaler Ebene, auf körperlicher Ebene und speziell durch unseren Atem können wir so vieles in uns bewirken und somit auch nach außen strahlen. Und wie gesagt, es geht ums Wiederholen und Dranbleiben. Wenn Sie auf Ihrem Weg zum *charismatischen Ich* Unterstützung haben möchten, bin ich für Sie da: Hier noch ein kurzer Einblick in meine Tätigkeit als Charisma-Trainerin sowie Yoga-, Bewusstseins- und Intuitionstrainerin:

Das Ebenen-Modell in der Zusammenarbeit mit mir

Der erste Schritt ist ein persönliches Kennenlerngespräch – online oder telefonisch (gleichwertig ob es um das achtwöchige Charisma-1:1-Booster-Programm, einen Einzeltermin oder die Teilnahme an Gruppenkursen geht). Dieses Gespräch ist kostenlos und gibt uns beiden die Gelegenheit zu entscheiden, ob wir zusammenarbeiten möchten.

Für den Charisma-Booster besprechen wir die Strategie (was machen wir wann) und fixieren die ersten drei Termine. Daraufhin gestalten wir gemeinsam das Ebenen-Übungsprogramm so, dass es Ihnen gefällt, dass es gut in Ihrer Wochenplanung Zeit hat, dass Sie es spannend finden und folglich Ihre erwünschte Veränderung gelingt.

Und falls Sie an dieser Stelle noch gerne weiterlesen möchten: Ich habe mir ein schönes Kapitel zum Thema charismatische Vorbildwirkung für den Epilog aufbewahrt.

EPILOG

Die Idee:
Charismatische Vorbilder für die Jugend

Unsere Jugendlichen wählen ihre Vorbilder nach ganz anderen Kriterien, als es noch in den 1980er Jahren der Fall war. Ihnen steht durch das World Wide Web mit all seinen Kanälen eine wesentlich größere Auswahl an Helden und Idolen zur Verfügung als in meinen Jugendjahren, wo es zwei Fernsehsender in Österreich gab, auf denen stundenlang nur das Testbild zu sehen war. Diverse Zeitschriften konnte sich auch nicht jeder Jugendliche leisten, mit etwas Glück hatte man Freunde, die diese Hefte rundlaufen ließen. Somit waren Informationen zeitverzögert, oft waren schon die Fotos der Promis ausgeschnitten. Poster waren heiß umkämpft.

Noch nie kam man einander so nahe wie jetzt. Promis, Idole, Stars, Publikum und Fans, Follower und Kunden – die Rollen und Grenzen verschwimmen. Wir sind uns sozusagen „gleicher" geworden. Es menschelt mehr denn je, kaum etwas bleibt im Verborgenen.

Dazu kam in den letzten Jahrzehnten eine maßlose Übertreibung, ja ein wahnhaftes Zwangsverhalten in unsere Gesellschaft: Der Trend, möglichst jung auszusehen, überrollte die Welt. Diese Verherrlichung jugendlichen Aussehens finde ich gruselig und in höchstem Maße bedenklich. Ich möchte mit 48 Jahren keinem 20jährigen Jungen *gefallen*, vielmehr möchte ich die Jugend inspirieren und ihr zeigen, dass es schön und alles andere als langweilig ist, erwachsen zu sein.

In den letzten Jahren stellte ich mir immer wieder die Frage: Woran sollen sich unsere Kinder orientieren, was oder wer kann sie inspirieren? Ich sah, dass sie auf der Suche waren. Sie fanden in der Öffentlichkeit dauerbekiffte, klunkerbehangene Rapper mit millionenschweren Villen in Kalifornien, marktschreierische Jungunternehmer und ein paar Pseudocoole, nebst dem Esoterikmarkt mit Engelsverheißungen und Aurasprays. Es bleibt eine Handvoll würdevoller, kluger, nicht schönheitsoperierter, spannender Erwachsener zwischen Oldies im Teenie-Wahn und langweiligen, an der Vergangenheit hängenden Erwachsenen. Bei all diesen Beispielen ist mir bewusst, dass jeder Mensch sein Bestes gibt.

Mein ursprüngliches Bestreben für mein erstes Buch war es, Erwachsene zu ermutigen, den Kindern und Jugendlichen *Vorbild* zu sein. Diese erste Idee gründete darauf, dass ich Jugendlichen vorleben wollte, wie schön das Erwachsensein, das *Alter* ist. Ich wollte ihnen Mut machen, ihre Wertewelt selbständig weiterzuentwickeln und frohen Mutes in die Zukunft zu blicken.

Die letzten Monate mit unserem Sohn und seinem Freundeskreis haben etwas in mir verändert. Ich erlebte, wie grandios unsere Jugendlichen das Leben mit seinen unerwarteten Aufgaben meistern. Sie haben eine Kraft in sich, die sie trotz Lockdown und Hormoncocktail immer wieder aufstehen und tätig werden ließ und lässt. Sie begründen ihre Zukunft, genau wie wir es damals getan haben, und sie finden ihren Weg. Die Teenies haben in der Lockdown-Phase konkret abzustecken gelernt, was sie wann brauchen. Sie entwickelten eine sehr starke Selbstwahrnehmung und Intuition. Sie stellten sich selbst Fragen wie *Wann möchte ich allein sein, wann zu zweit, wann möchte ich die ganze Clique treffen? Welche Aktivitäten tun mir heute gut?* Sie überprüften die Stimmigkeit ihrer Ausbildungen, teils orientierten sie sich neu.

Die ganze Rasselbande – also die Clique unseres Sohnes – handelte vorbildhaft! So manch Erwachsene hätten sich hier wirklich etwas abschauen können.

So wurde Charisma das Hauptthema meines ersten Buches.

Gespräche und Umfragen über den Begriff Charisma

Ich habe mich im Laufe der Jahre naturgemäß mit vielen Menschen über den Begriff Charisma unterhalten.

Wie so viele Begriffe, hat auch das Wort Charisma zahlreiche unterschiedliche Verwendungen und Definitionen hinter sich.

> *Das bedeutet für mich, dass das Wort Charisma auch in der Zukunft ein lebendiger und veränderlicher Begriff bleiben wird.*

Durch die Gespräche wurde mir klar, dass es in der heutigen Zeit keine klare Auffassung oder Definition für Charisma gibt, viele Erwachsene interessieren sich nicht dafür, viele Jugendliche kennen das Wort nicht.

Es kam in mir auch die Frage auf, ob Charisma nicht ausschließlich der Wohlstandsgesellschaft vorbehalten ist. Diesen Gedanken habe ich wieder verworfen, zumal seit jeher aus allen Gesellschaftsschichten und Kulturen charismatische Persönlichkeiten herausragen.

In zwei Punkten waren sich alle meine Gesprächspartner einig:

- Charisma hat mit der Ausstrahlung zu tun.
- Es ist eine sehr persönliche Auslegungssache, jemanden als charismatisch zu empfinden oder eben nicht.

Sehr wenige Personen bejahten die Frage, ob sie sich selbst als charismatisch empfänden.

So entstand die Idee, meine ureigene Charisma-Definition niederzuschreiben. Wie Sie sehen, ist diese doch recht umfangreich und stützt sich auf viele Puzzleteile. Es liegt in meiner Natur, Tipps und Impulse weiterzugeben, und so fanden viele Übungen Eingang in mein erstes Charisma-Buch.

Charisma ist nicht statisch

Per dato sind 17 Monate seit dem ersten Lockdown vergangen. Während der zahlreichen Online-Meetings veränderte sich meine Wahrnehmung zum Charisma nochmals. Mehrere Personen, die mir früher als charismatisch erschienen waren, verloren in diesen Monaten enorm an Ausstrahlung. Ich spreche hier *ausschließlich* über Personen, deren Existenz nicht ansatzmäßig gefährdet war!

Bei einem Großteil war der Grund für diesen Abbau, dass sie sich innerlich gegen die Online-Meetings wehrten, dass sie sich selbst leidtaten, dass sie sich als Opfer der Regierung empfanden. Sie wirkten verbittert, verärgert, gekränkt, hilflos, ungeduldig und angriffslustig.

Die Ereignisse haben uns verändert. Es kristallisiert sich sehr stark heraus, wer tatsächlich flexibel und lösungsorientiert ist. Flexibilität hat mit allen Ebenen zu tun: Mit dem Denken, dem Handeln und dem Fühlen. Auf welcher Ebene man in Aktion geht, ist nicht wesentlich – wesentlich ist, *dass* man aktiv wird, *dass* man kreiert.

Zu Beginn dieser Jammer-Phase war ich dementsprechend gefordert, denn wenn ich auf etwas allergisch reagiere und meine Würde-Grundsätze vergesse, dann ist es das Jammern über Regierungsentscheidungen. Wie hätte denn irgendein Regierungsmitglied wissen sollen, was jetzt richtig oder falsch ist? Die Situation war für alle Menschen komplett neu, die letzte Pandemie ist zu lange her. Damit möchte ich für keine Seite, für keine Entscheidung Partei ergreifen. Ich meinerseits war froh, nicht über bundesweite Maßnahmen entscheiden zu müssen, in dem Wissen, dass jede Entscheidung viele Konflikte, wirtschaftliche Einbrüche und unermessliche Konsequenzen auf allen Ebenen nach sich ziehen würde. Ich musste mich sehr beherrschen, um den selbsternannten Lockdown-*Opfern* nicht zu sagen *Reiß dich sofort zusammen, du zerstörst dein Charisma!* Es erschütterte mich sehr, diesen Charisma-Verfall rundherum mitzuerleben. Eine alte Lebensweisheit bewahrheitete sich zum wiederholten Male: Geld nützt dir nichts, wenn du nicht Herr deiner Stimmung bist! Nochmals betone ich: Die Jammerer, von denen ich hier schreibe, waren allesamt sehr gut abgesichert.

Bis heute fällt es mir sehr schwer, diesen Stimmungseinbruch, das Selbstmitleid, die Schockstarre über so lange Zeit zu verstehen. Dass wir über Online-Meetings in Kontakt treten konnten – und das sogar von Angesicht zu Angesicht und in Echtzeit – war für mich ein Segen. Ich war verunsichert von der oftmals verwunderten Reaktion auf meine positive Sicht der Dinge, doch im Herzen fühlte ich, dass meine Denkweise für mich stimmte, denn sie tat mir gut. Ich war dankbar.

Der Wohlstand hat unsere Gesellschaft so dermaßen verwöhnt, dass Selbstmitleid aufgrund kleinster widriger Umstände selbstverständlich geworden ist. Es ist allerhöchste Zeit aufzuwachen, einen größeren Blick zu entwickeln und dankbar zu leben. Ich nehme mich hier nicht aus, auch ich tappe in diese Falle, mich wegen Kleinigkeiten zu bemitleiden. Umso dankbarer bin ich dafür, dass meine Freunde mich darauf hinweisen, sodass ich wieder eine Kurskorrektur vornehmen kann.

So wurde mir klar, dass Charisma nichts ist, das man einmal im Leben meistert und das dann für immer unzerstörbar ist. Darüber hatte ich vor Corona noch nie wirklich nachgedacht, wenngleich ich zuvor doch auch einige Stürze charismatischer Persönlichkeiten miterlebt hatte.

> *Charisma braucht Pflege, Hingabe und Willenskraft.*

Charisma und das Lächeln

Die Mimik trägt natürlich auch wesentlich zum Charisma bei.

Heute vermute ich eine Auswirkung der monatelangen, noch anhaltenden Maskenpflicht auf unsere Mimik. Mir war in den letzten Monaten oft aufgefallen, dass Menschen mit Maske weniger lächelten als ohne. Vielleicht wurde aber durch die Maske nur sichtbarer, dass das Lächeln sich nur in der unteren Gesichtshälfte abspielt, dass die Augenmuskeln nicht beteiligt sind, dass das Lächeln nicht *echt* ist. Bei einem echten Lächeln glänzen doch auch die Augen – diesen Glanz vermisse ich heute bei so vielen Begegnungen.

Das Lächeln beschäftigt mich! Ich kenne das von mir so, dass ich auch, wenn ich allein bin, immer wieder lächle. Bei einer amüsanten Passage in einem Buch oder Hörbuch, beim Gedanken an geliebte Menschen, beim Anblick unserer Katze, beim Beobachten der Clique unseres Sohnes, beim Betrachten der Vögel im Garten, wenn mir beim Kochen etwas besonders gut gelingt oder wenn die Sonne plötzlich durch die Wolken bricht und mir das Gesicht wärmt. Es gibt unzählige Anlässe zu lächeln!

Einige Fragen kann ich mir noch nicht beantworten, so z.B. die Frage *Kann man sich das Lächeln abgewöhnen, wenn es lange Zeit nicht mehr benötigt wurde? Ist es möglich, dass es Menschen gibt, die ihr Lächeln nur dann aktivieren, wenn sie in Gesellschaft sind? Wie schafft man es, nur mit den Lippen zu lächeln, und ist das dann eine Maske oder ist es ein echtes Lächeln?*

Ich weiß nicht, wie es Ihnen ging – ich hatte viel zu lächeln 2020 und 2021. Da ich ja Online reichlich Kontakt mit meinen Freunden, Netzwerkkollegen, Schülern und Klienten hatte, schlief mir weder das Gesicht, noch der Geist ein.

Welchen Wert hat Charisma?

Was ich im Zuge der vielen Gespräche über Charisma spannend fand, war, dass es für einige Menschen auf den ersten Anschein keinen bewussten Wert darstellte. Es freute mich umso mehr, dass viele mich nach Wochen oder Monaten nochmals darauf ansprachen und mir berichteten, dass das Thema sie nicht mehr ganz losgelassen hätte. So entstanden Dialog und Austausch, befruchtende Gespräche und Erkenntnisse.

Für mich stellt Charisma einen hohen Wert dar. Charisma schafft Energie, Wohlwollen, Öffnung, Freude und Inspiration. Charismatische Persönlichkeiten hinterlassen einen bleibenden Eindruck. Charisma öffnet Türen und verbindet Menschen.

Wird Charisma in der Zukunft wichtig sein?

Das liegt wohl im Auge des Betrachters. Für jene Menschen, für die Charisma heute einen Wert darstellt, wird es mit hoher Wahrscheinlichkeit auch wertvoll bleiben.

Bleibt das Wort im deutschen Sprachgebrauch?

Ob das Wort im deutschsprachigen Raum weiterhin geläufig bleibt - also nach meiner Generation – finde ich eine sehr spannende Frage. Ich bin noch am Forschen, ob die Teenies an Stelle von Charisma einen neuen Begriff, eine Umschreibung verwenden, ohne es zu wissen. Ich muss hier zugestehen, dass ich in Jugendjahren kaum auf das Wort Charisma gegriffen habe. In meiner Jugendzeit gab es Begrifflichkeiten und Adjektive wie *Hammer, Wahnsinnsausstrahlung, Vollgastype, mega, hyper, super.*

Wer mit Jugendlichen zu tun hat, ahnt, wovon ich spreche. Die Lehnwörter aus dem US-Englischen hatten damals bereits uns Kinder der 1970er gestreift, mittlerweile handelt es sich um eine ganze Sprachwoge. Sehr viele neue, aus dem Englischen entnommenen Begrifflichkeiten sind uns Erwachsenen vollends fremd (der unserer Jugend geläufige Begriff *spoilern* z.B. war mir lange Zeit fremd). Bisher haben wir – die Clique unseres Sohnes und ich – noch nichts Adäquates für Charisma gefunden. Man verwendet Prädikate und Redewendungen wie (bevorzugt) *so cool, good vibes, stark, lebende Legende* – doch um Charisma durch ein englisches Synonym zu *ersetzen*, hatte keiner der befragten Jugendlichen eine Idee.

Charisma bleibt Charisma. Es birgt eine faszinierende und immense Kraft in sich. Es lässt die Persönlichkeit leuchten. Und es berührt die Herzen der Menschen.

Charisma wirkt. Und zwar immer.

DANKSAGUNG

So viele Menschen haben Anteil an diesem Buch. Viele von ihnen haben mich maßgeblich geprägt und meine Wertewelt immer wieder in guten Gesprächen aktualisiert.

Herzlichsten Dank an:

Meine Eltern und Geschwister – Ihr seid meine Freunde und Vertrauten. Ihr begleitet mich wohlwollend und liebend durch alle Gezeiten. Und das sage ich nicht, weil es sich so gehört.

Meine beiden Schwestern Margot und Martina – Ihr habt mit jedem Kapitel dieses Buches mitgelebt, Feedback gegeben und korrigiert.

Mein Mann Franz-Josef und unser Sohn Simon – Ihr habt euch auf das Thema Charisma eingelassen, obwohl es euch zuvor nicht interessiert hatte. Zudem habt Ihr beide Charisma in die Wiege gelegt bekommen, was immer wieder interessante Menschen in unser Familienleben bringt.

Meine Freundin Claudia – Du begleitest mich mit deiner Weisheit, Freundschaft und Güte seit 1992. In unseren Gesprächen eröffnen sich stets neue Perspektiven auf beiden Seiten. Ohne Dich wäre ich nicht, wer ich heute bin.

Mein Freund Toni – Du hast Dich durch meine Fragen zum Buch erstmals mit dem Thema Charisma beschäftigt. Zuvor hatte es keinen Wert für Dich dargestellt. Auch Du bist seit 1992 in meinem Leben, durch alle Gezeiten, treu und verständnisvoll, verlässlich und fürsorglich.

Julia Kronthaler – *Die Frau an meiner Seite*: Als treues Glückskind, als Marketing Expertin und – vor allem – als Freundin. Durch Dich wurde mein *Ich* (als Unternehmerin) zum *Wir*. GLÜCKSKIND® ist ebenso *Dein* Herzensprojekt.

Melanie Baumgartner – engste Vertraute und treue Freundin. Durch Dich fühle ich mich in Tirol viel mehr als vor unserer Begegnung *daheim*. Ich kann stets auf Deinen Rat zählen.

Meine über BNI gewonnenen Freunde: Das GLÜCKS-Team. Ihr unterstützt mich seit 2016 durch gute Gespräche, Beratungen, Tipps und gemeinsames Feiern mit Spaßfaktor. DANKE an Jürgen Gandler, Harald Bösch, Gerhard Trenkwalder, Benjamin Tausch, Hansjörg Waizer, Olivia Janschek, Martin Ausserlechner und Jens Wilke.

Martina Schmid – Du bringst so viel Lachen und Freude in alles, Du hast mir das Wort *Lebensflirt* geschenkt und das Online-Coworking erfunden. Auf Dein Feedback kann ich vertrauen. Mit Dir macht alles mehr Spaß!

Hermann Scherer – Du warst der Auslöser, das Buch *jetzt* zu schreiben, und nicht *dann, wenn ... bla bla bla.*

Kerstin Scherer – Du hast mir mein *Wesen* übersetzt. So entstand nebenbei mein Buchbeitrag *Der Himmel auf Erden* im Sammelwerk *Aufbruch des Lebens*, erschienen im LöwenStern Verlag, initiiert und organisiert von Susanne Teister.

Das Team Scherer, allen voran Lisa Gier und Heike Schreyer – Ihr verwöhnt und umsorgt die Goldies und Platinis voller Hingabe.

Daniel Körber, mein charismatischer Verleger – Du hast mir sämtliche Last von den Schultern genommen, mit Dir macht das Schreiben Spaß. Du kümmerst Dich um alles. Genau Dich habe ich lange Zeit gesucht!

Printed by Amazon Italia Logistica S.r.l.
Torrazza Piemonte (TO), Italy

39632558R00067